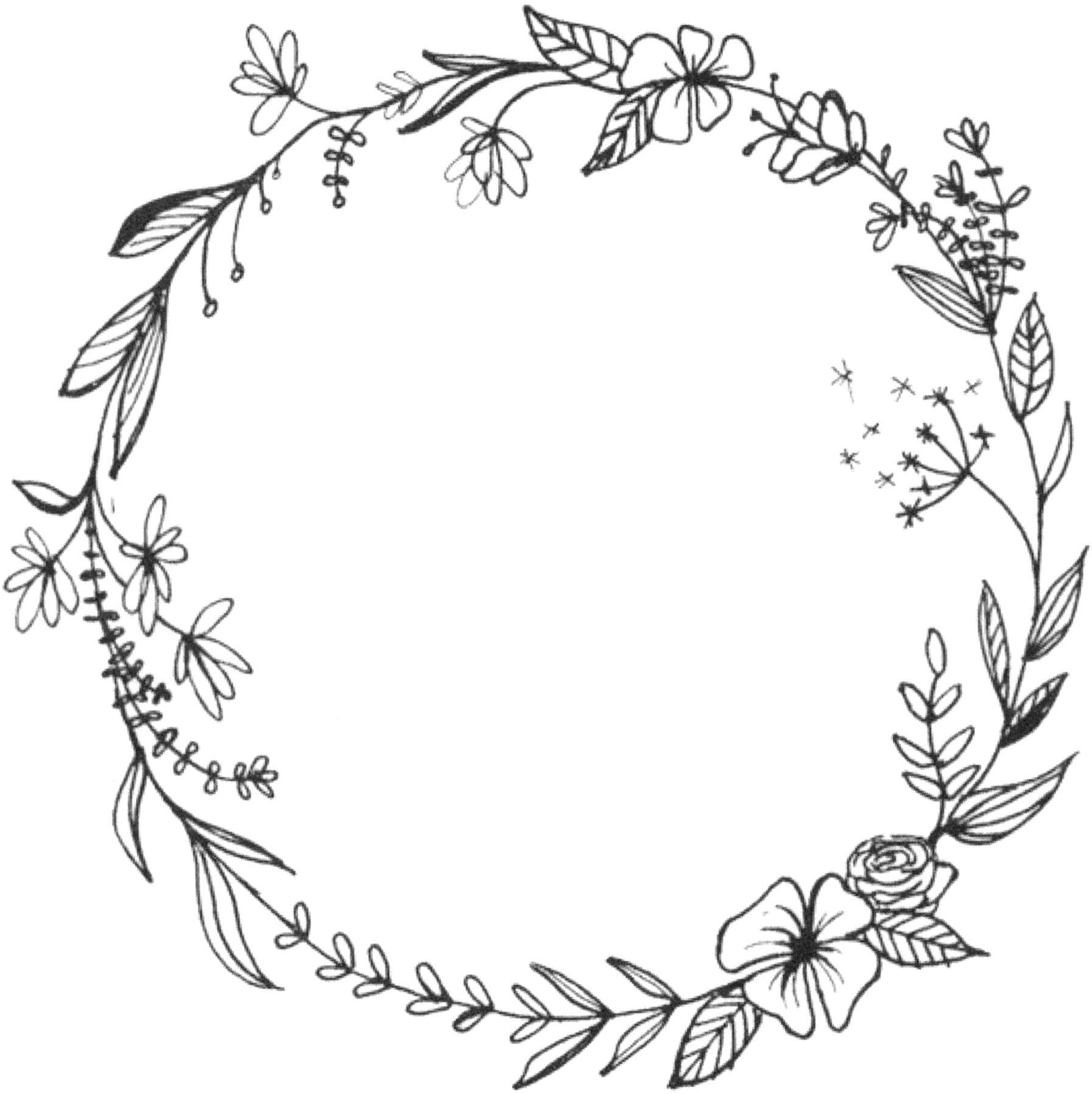

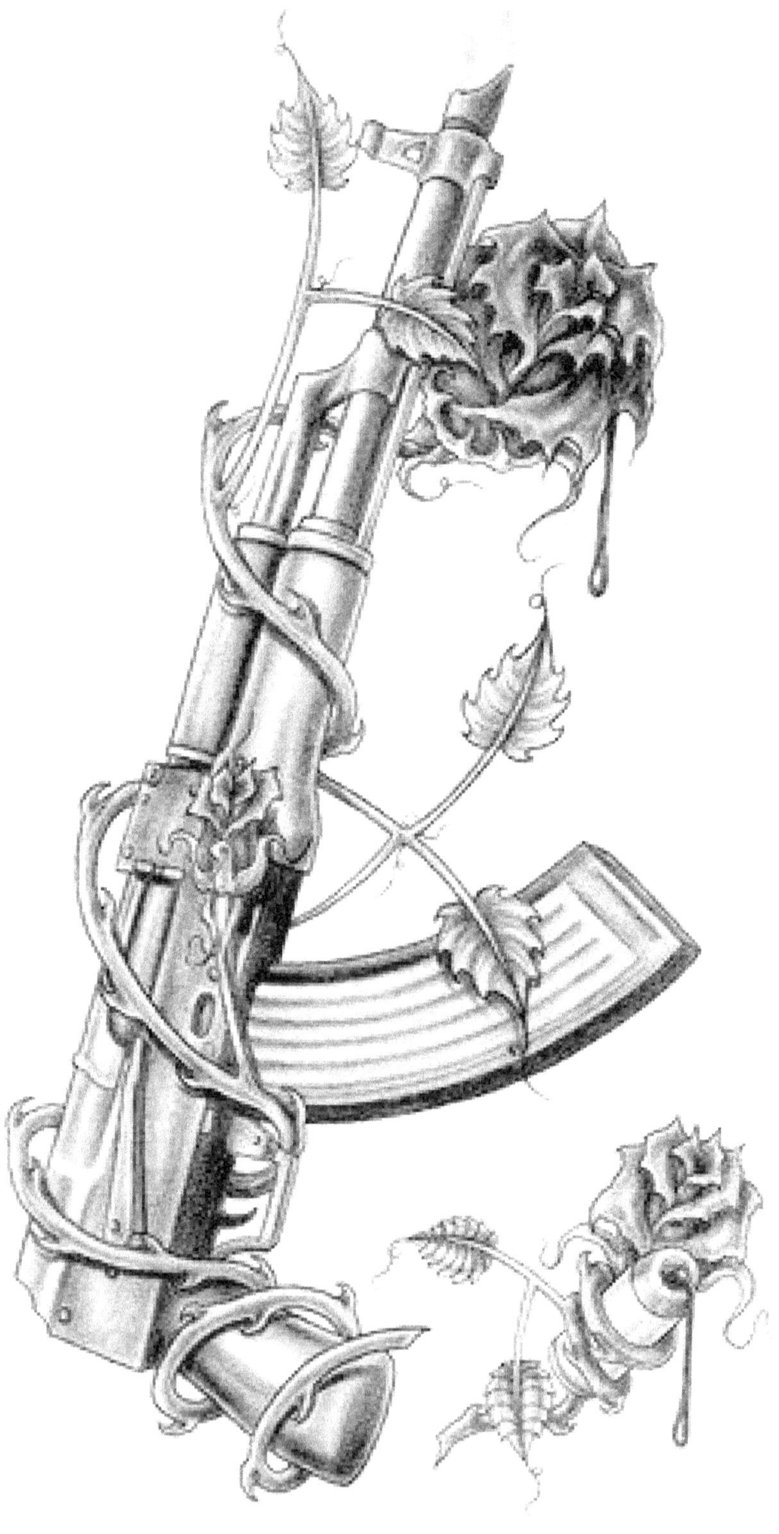

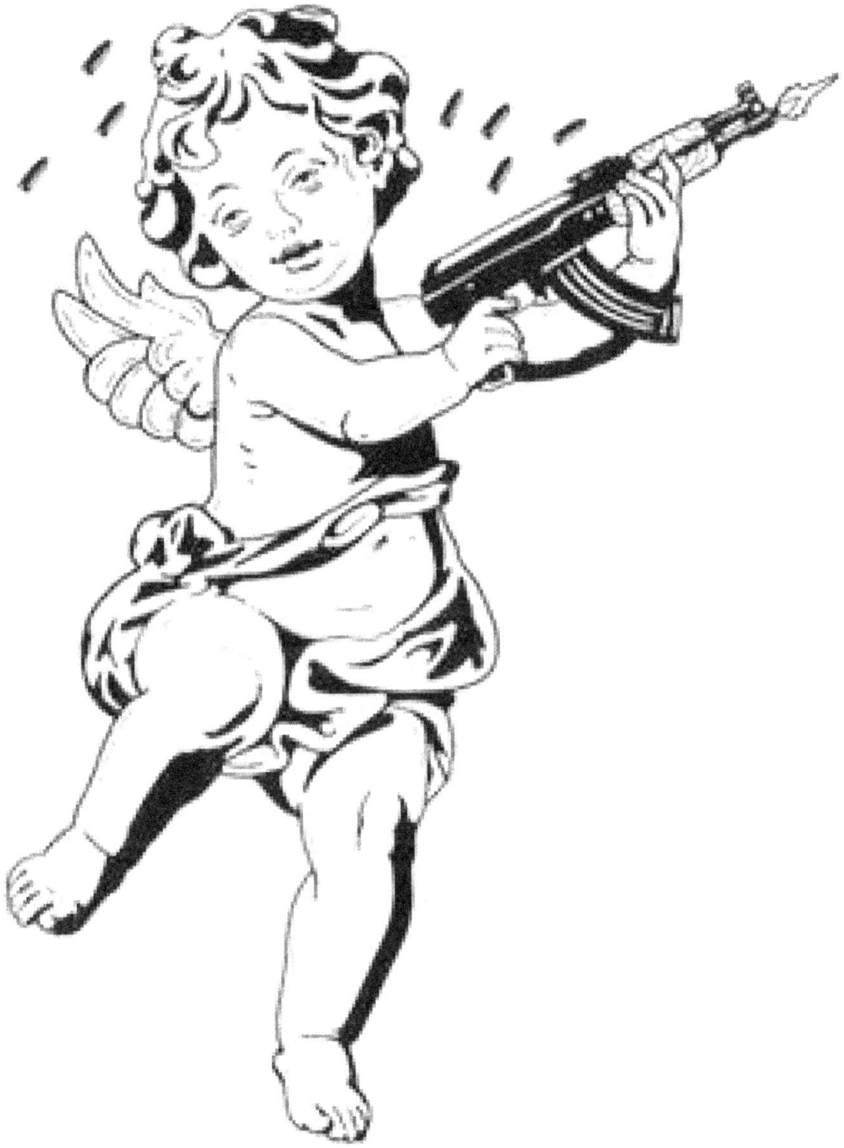

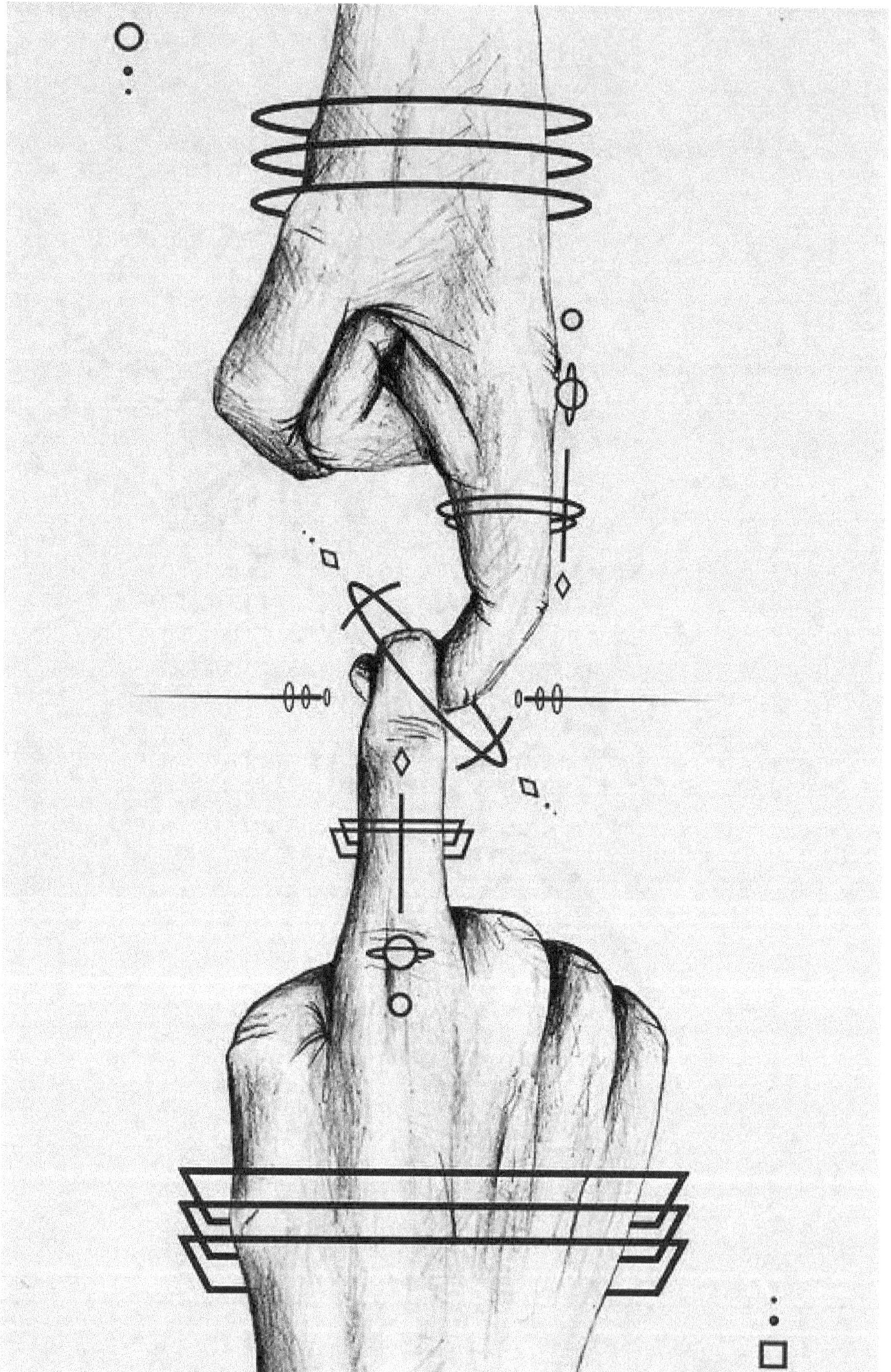

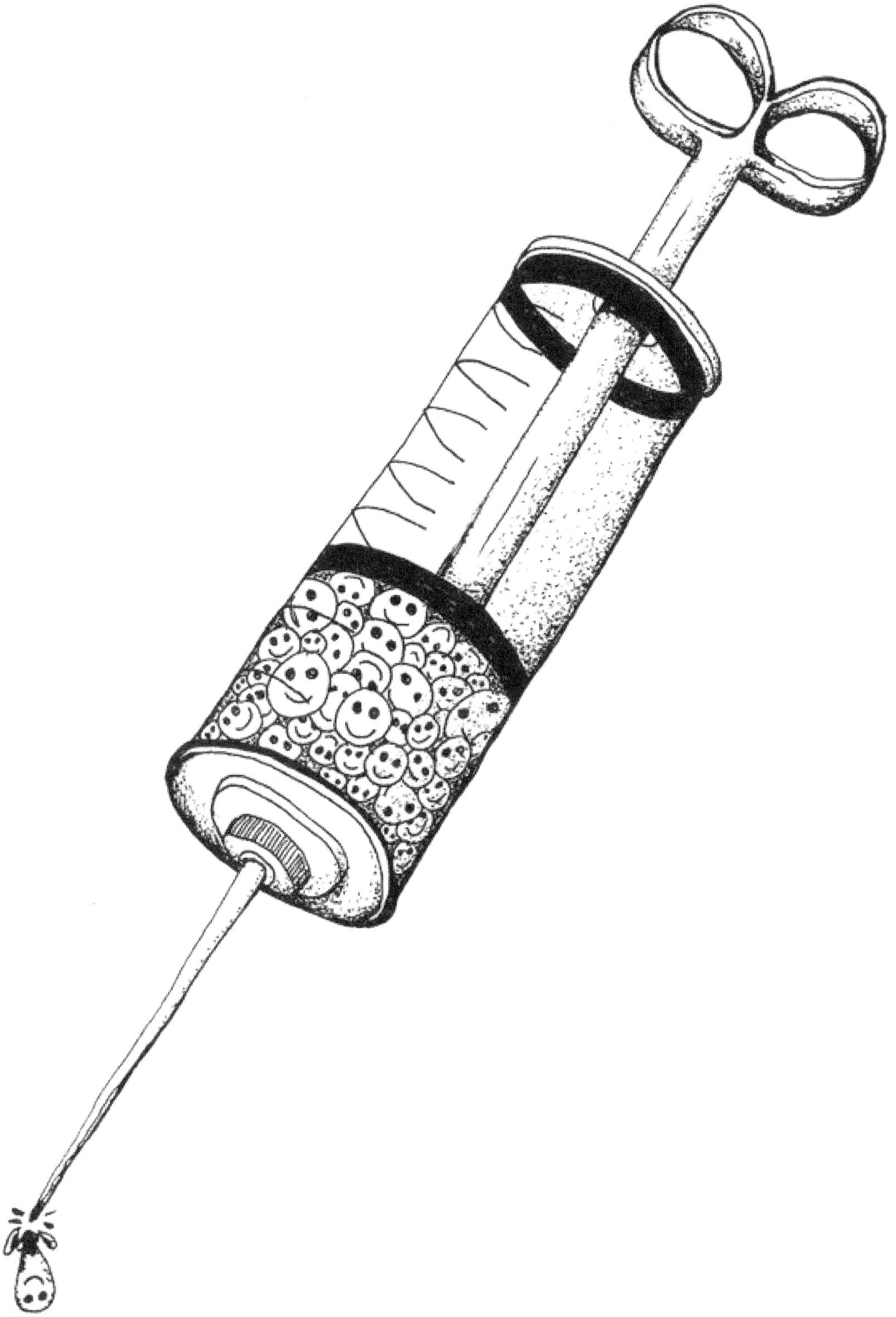

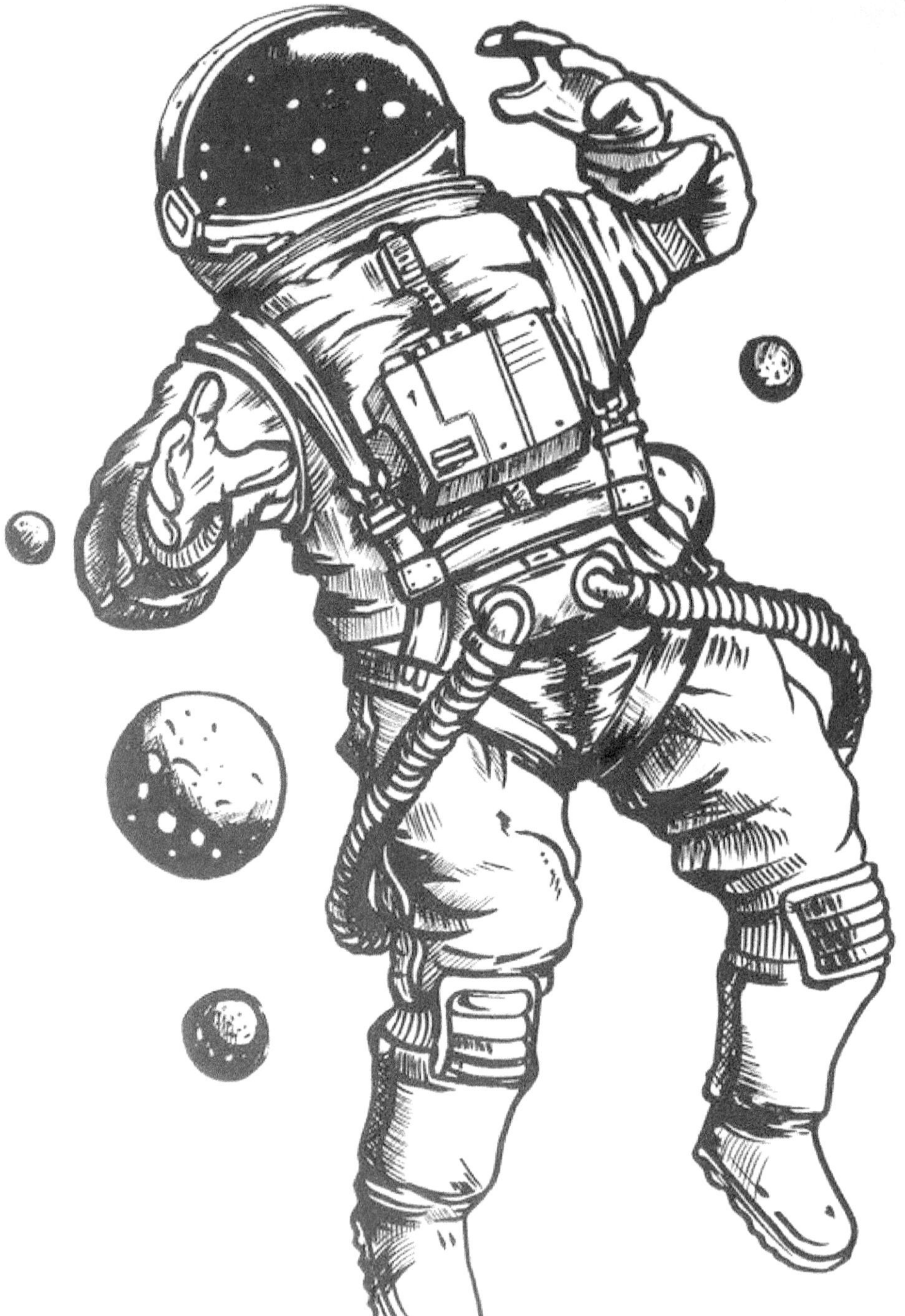

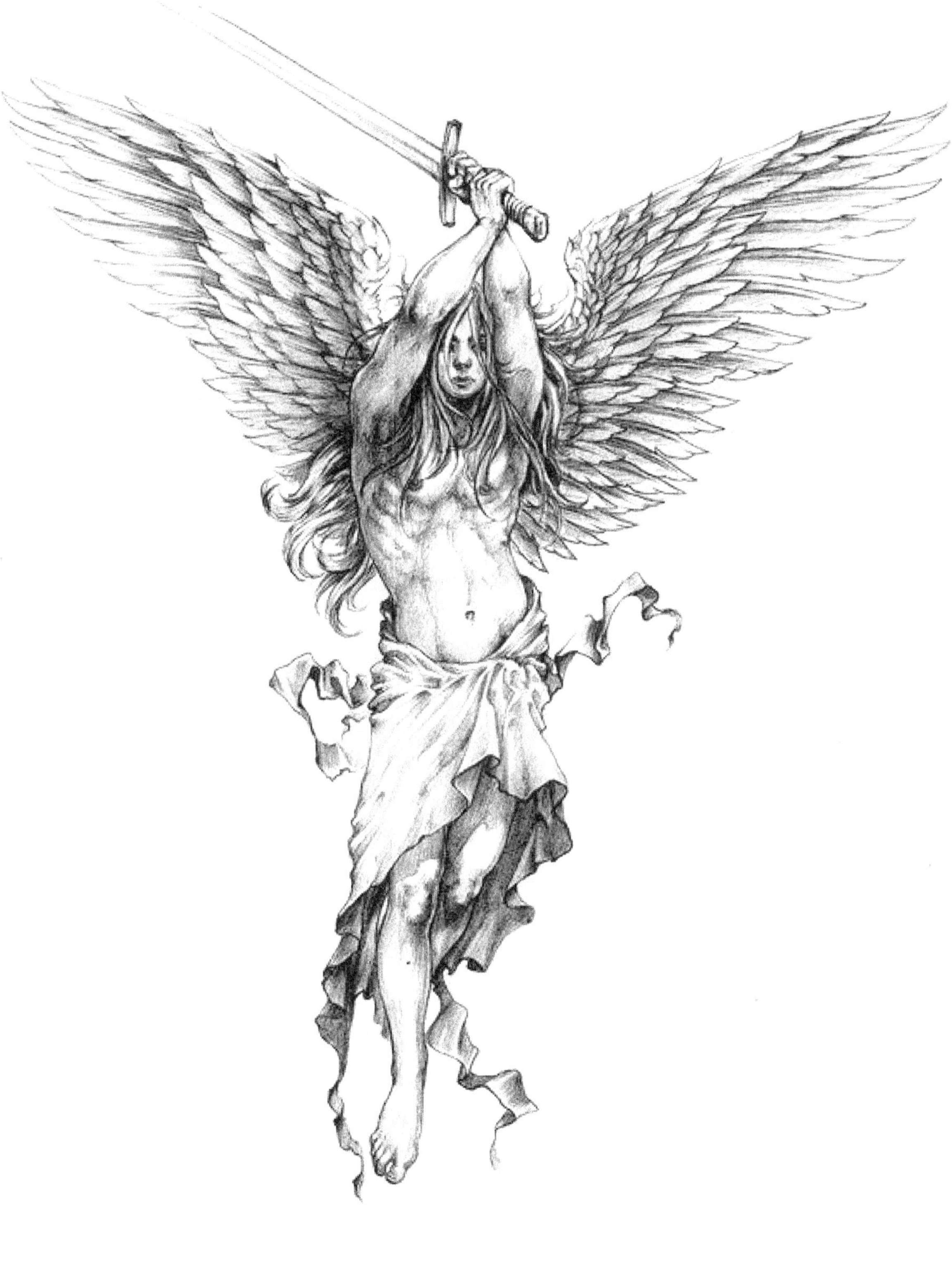

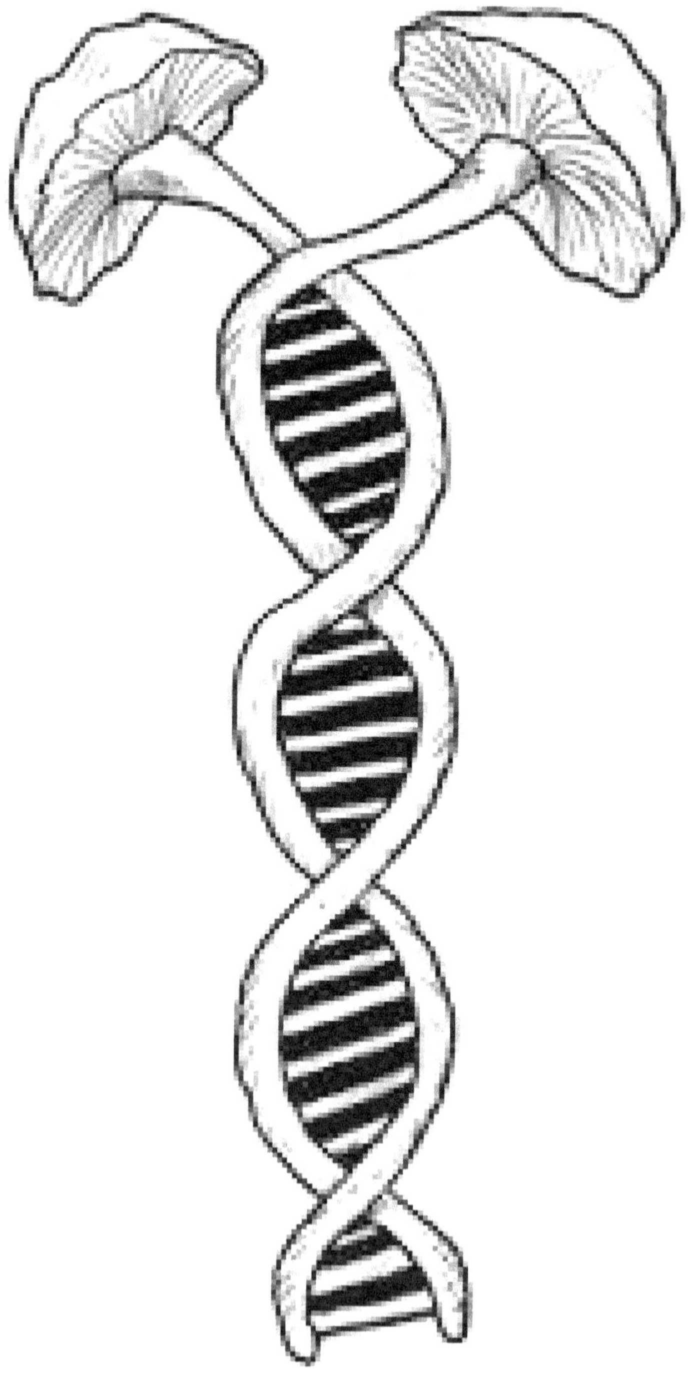

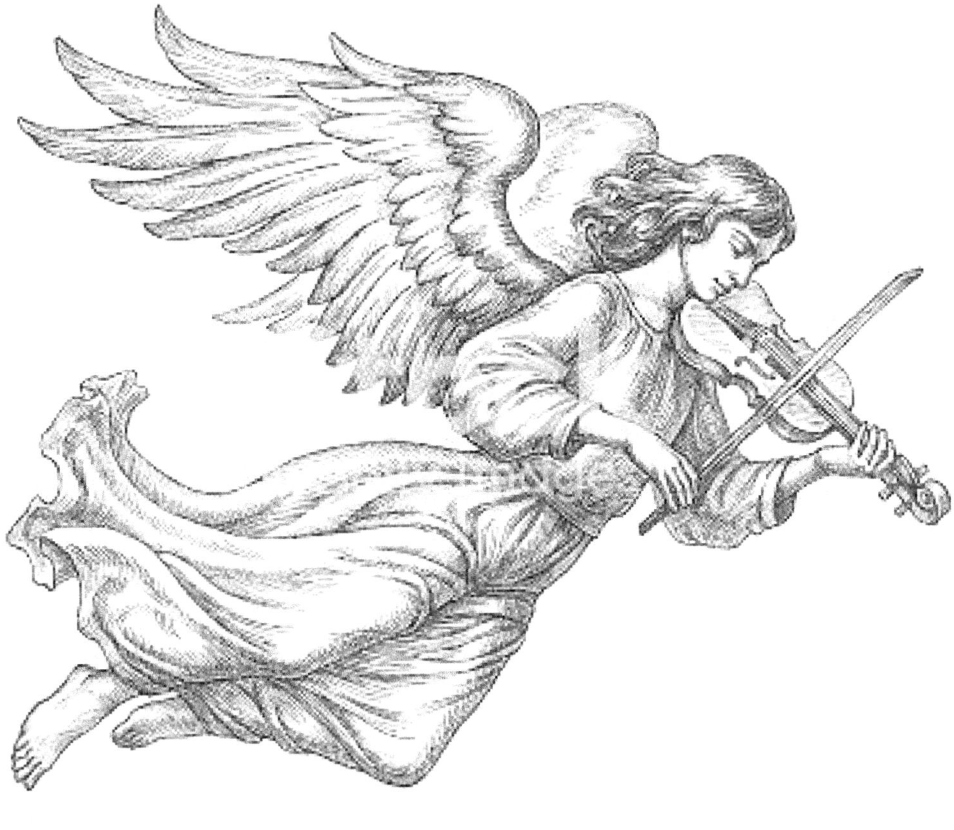

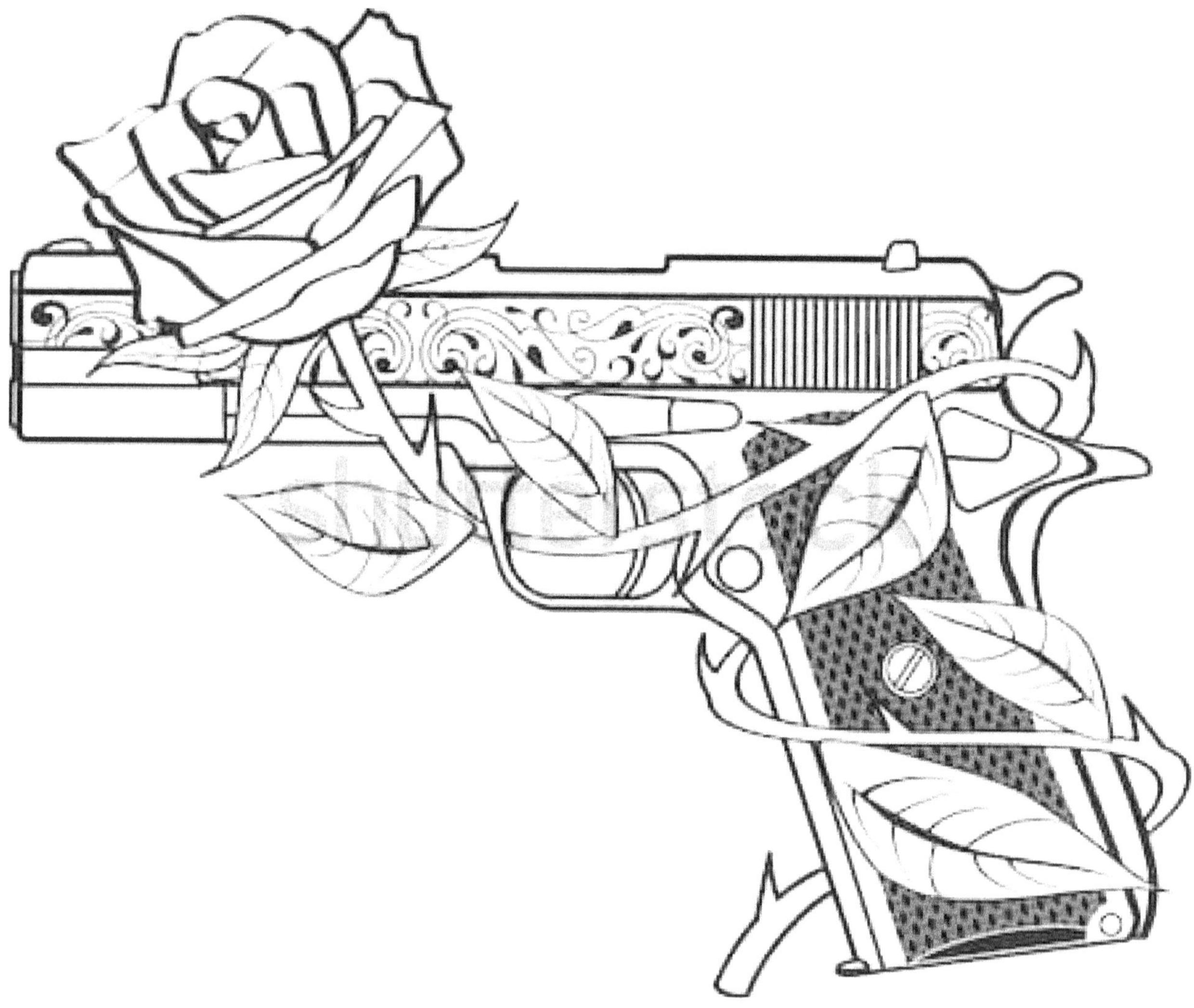

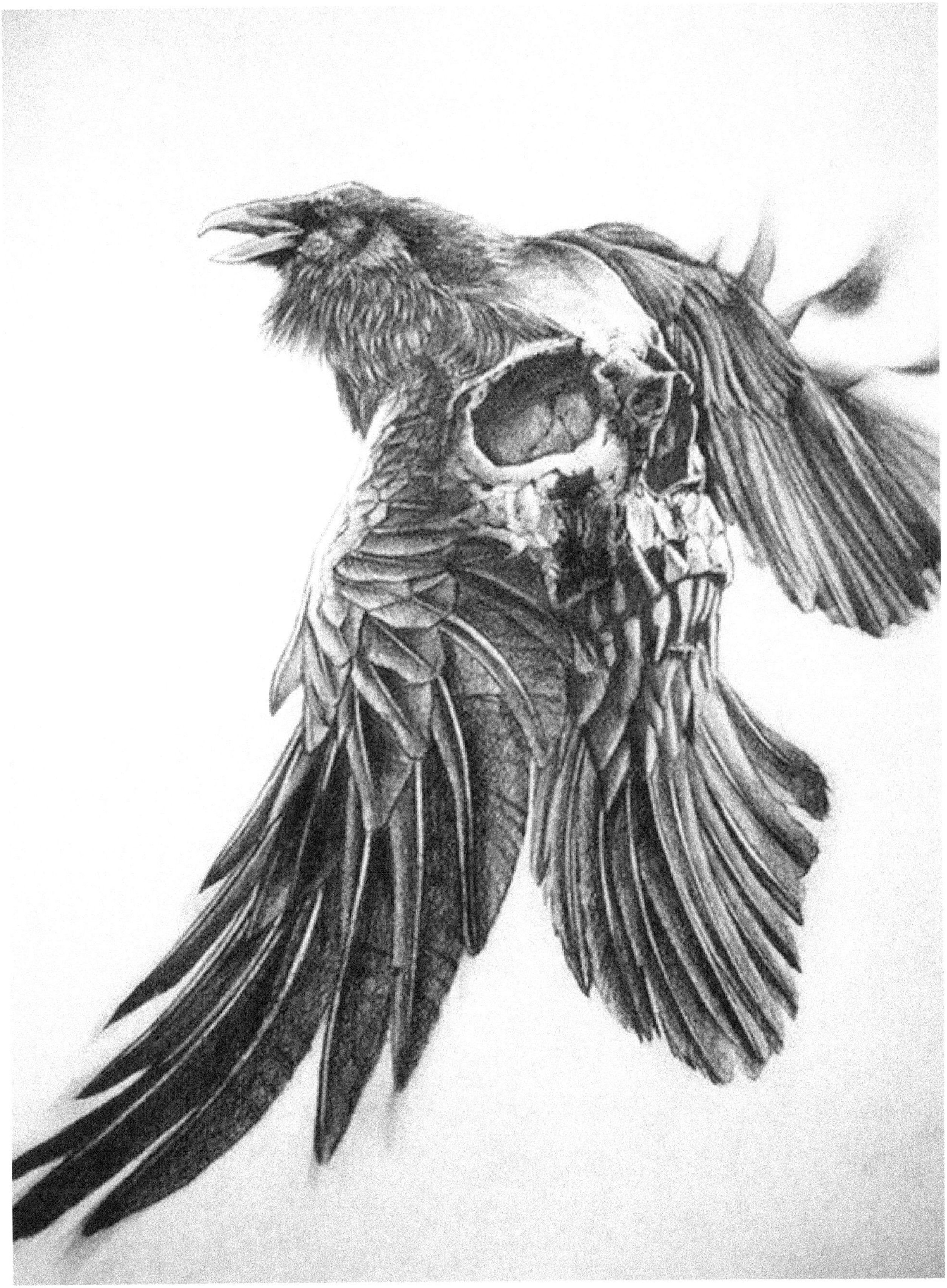

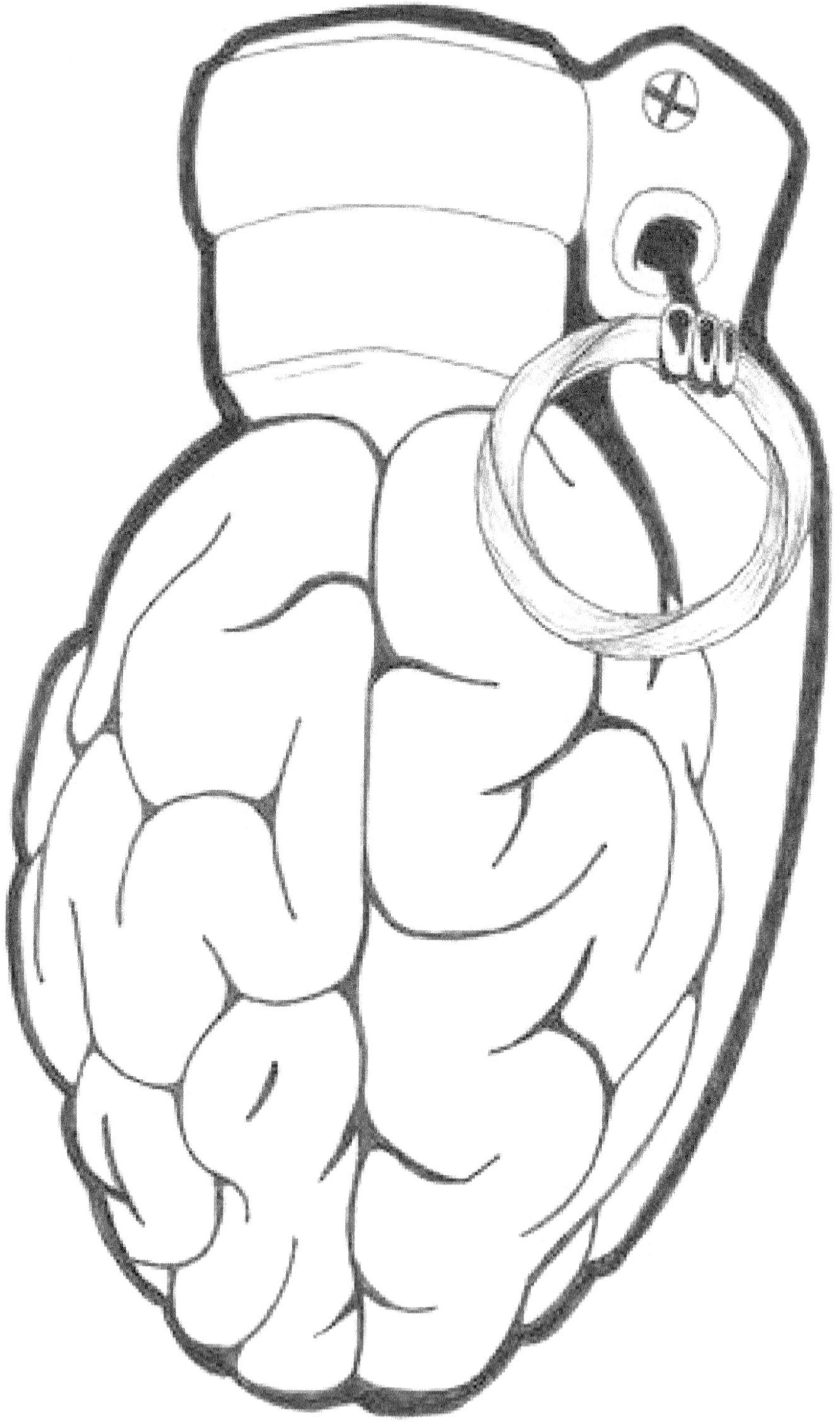

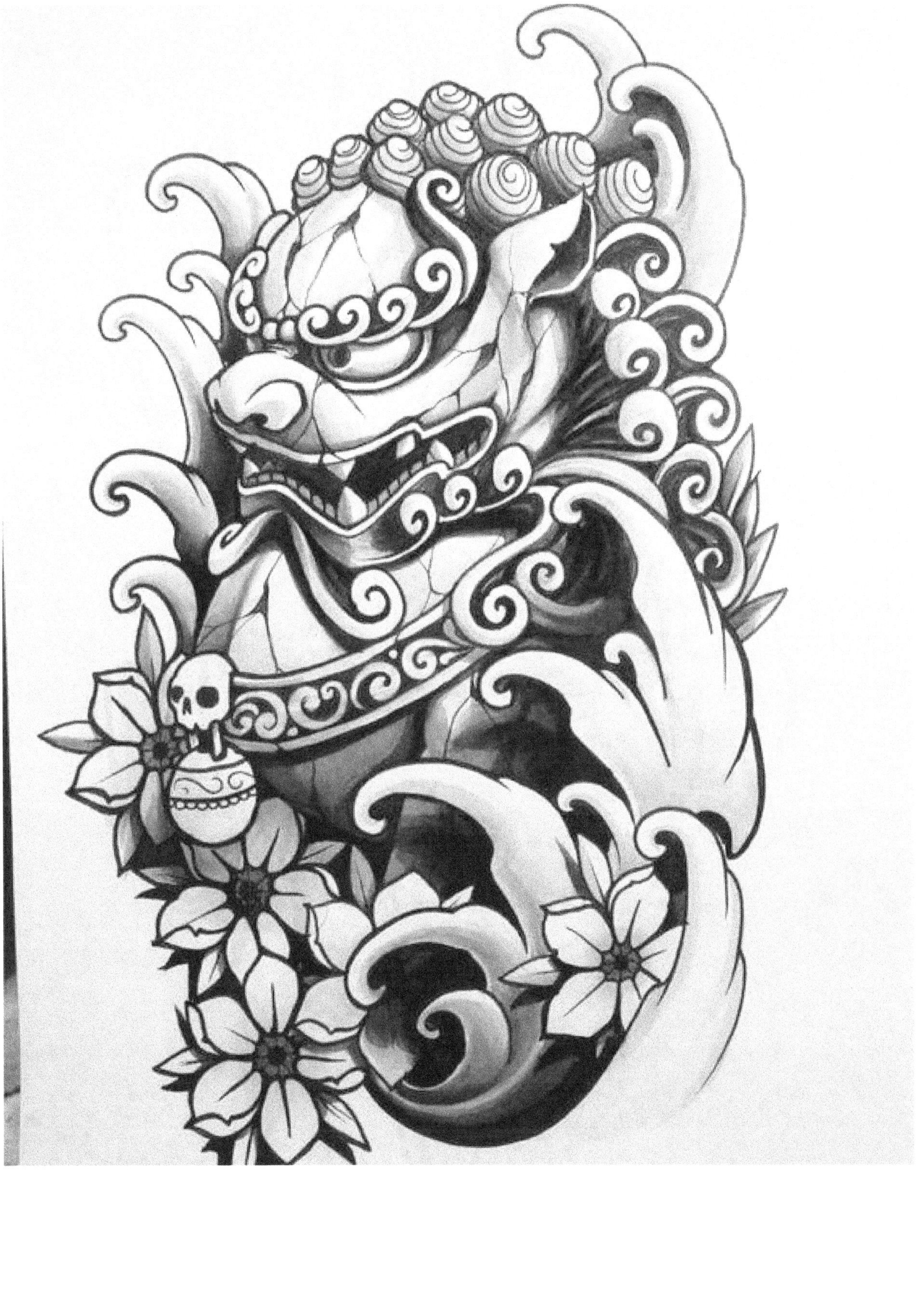

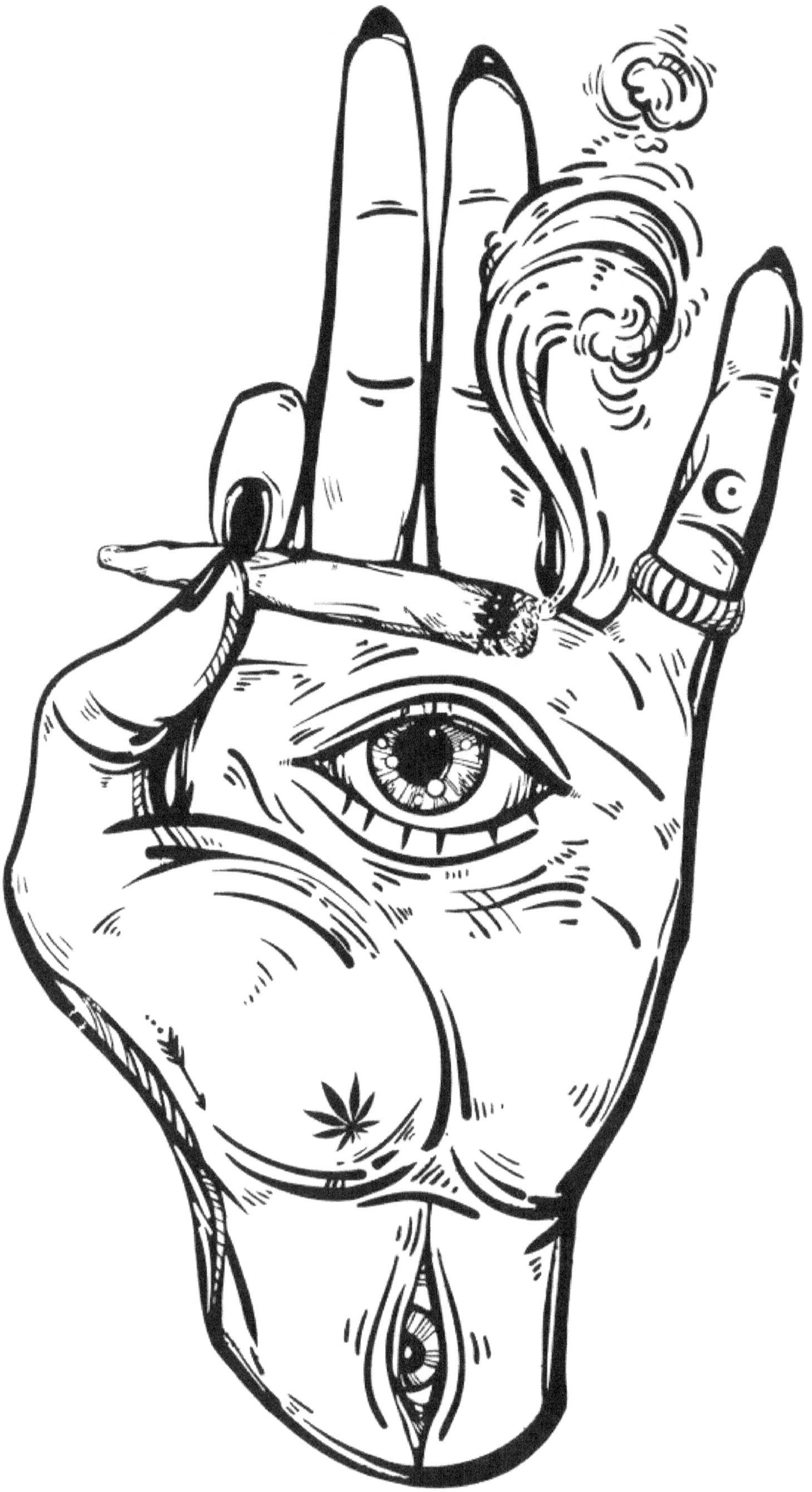

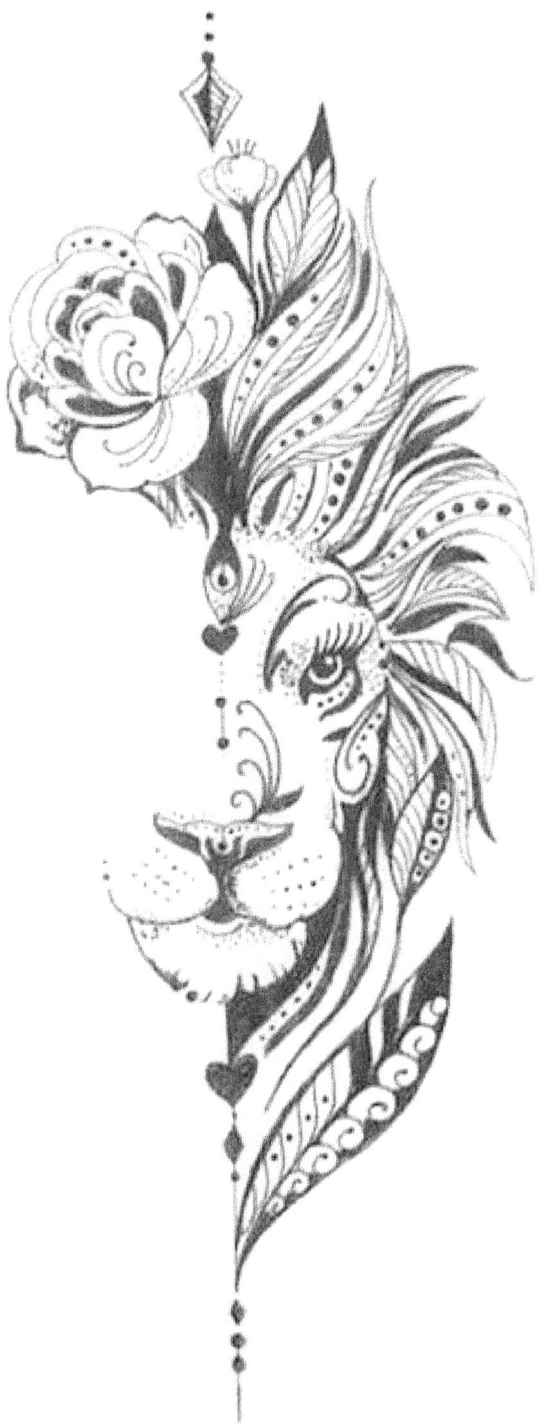

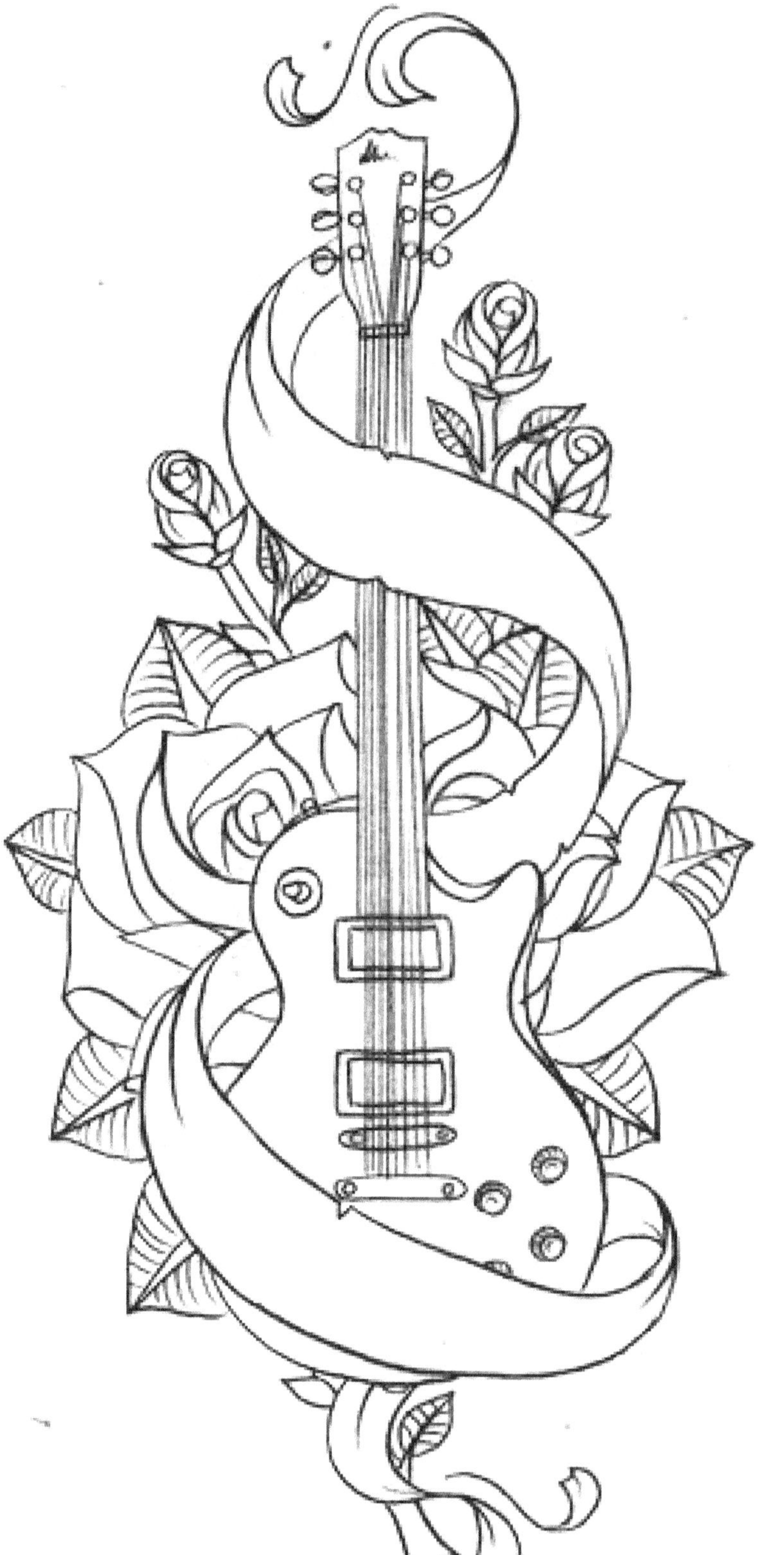

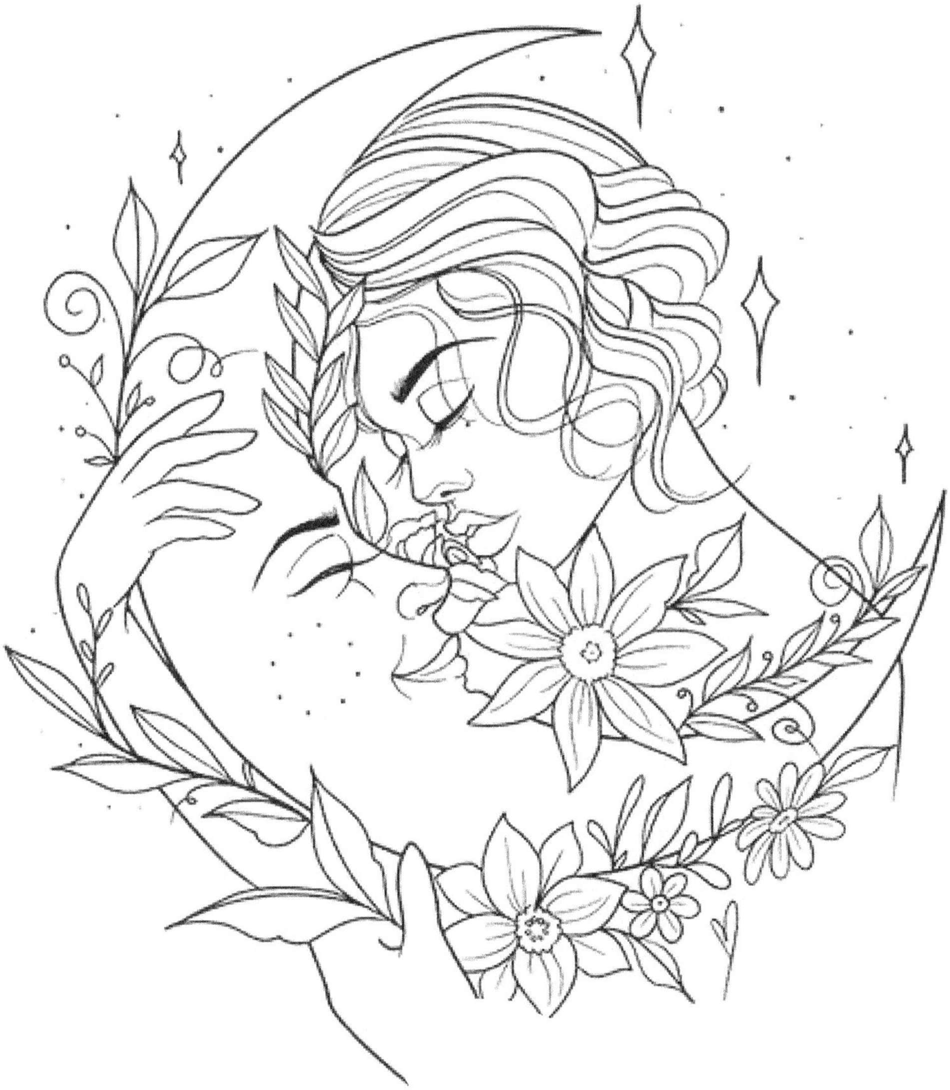

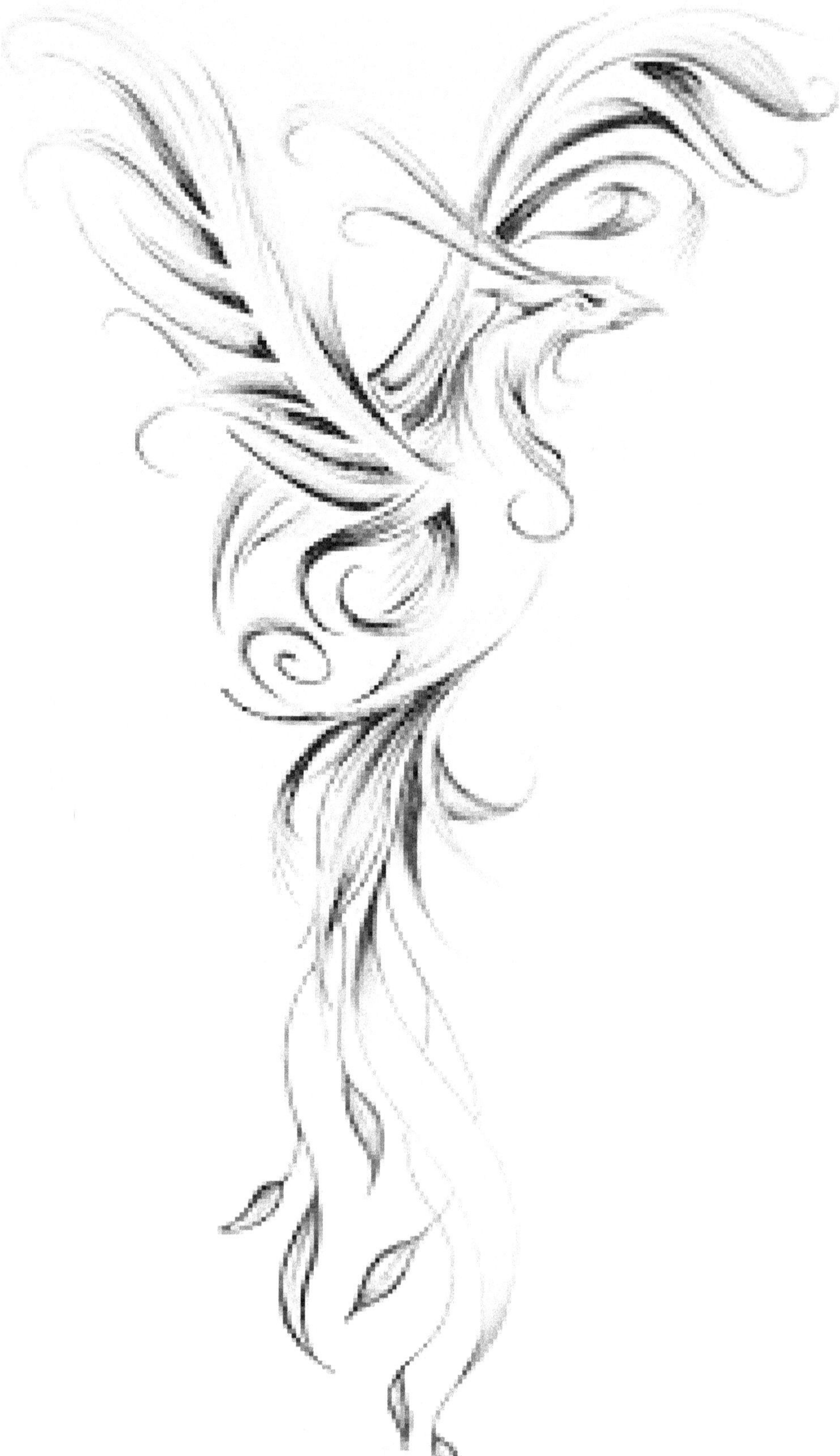

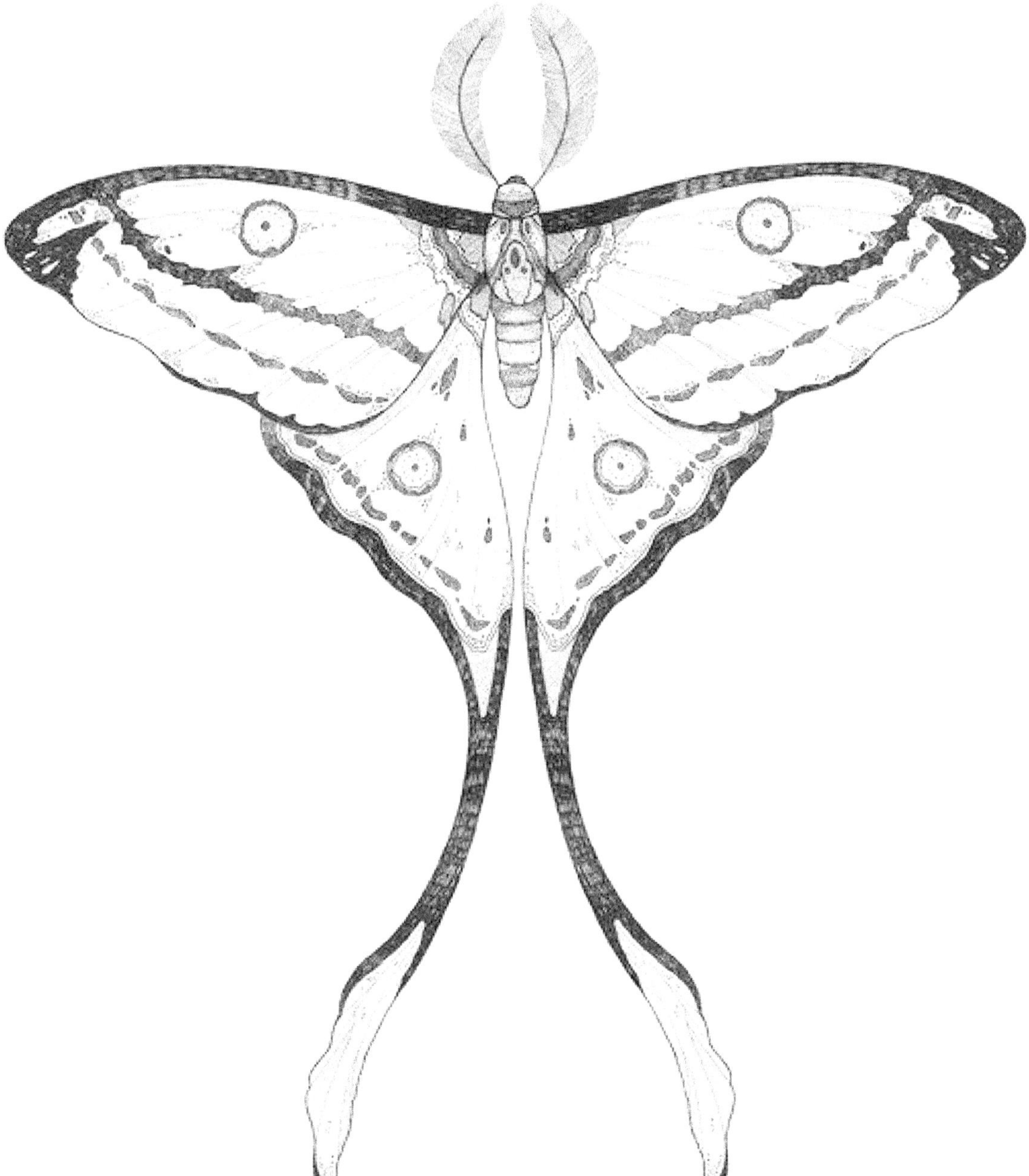

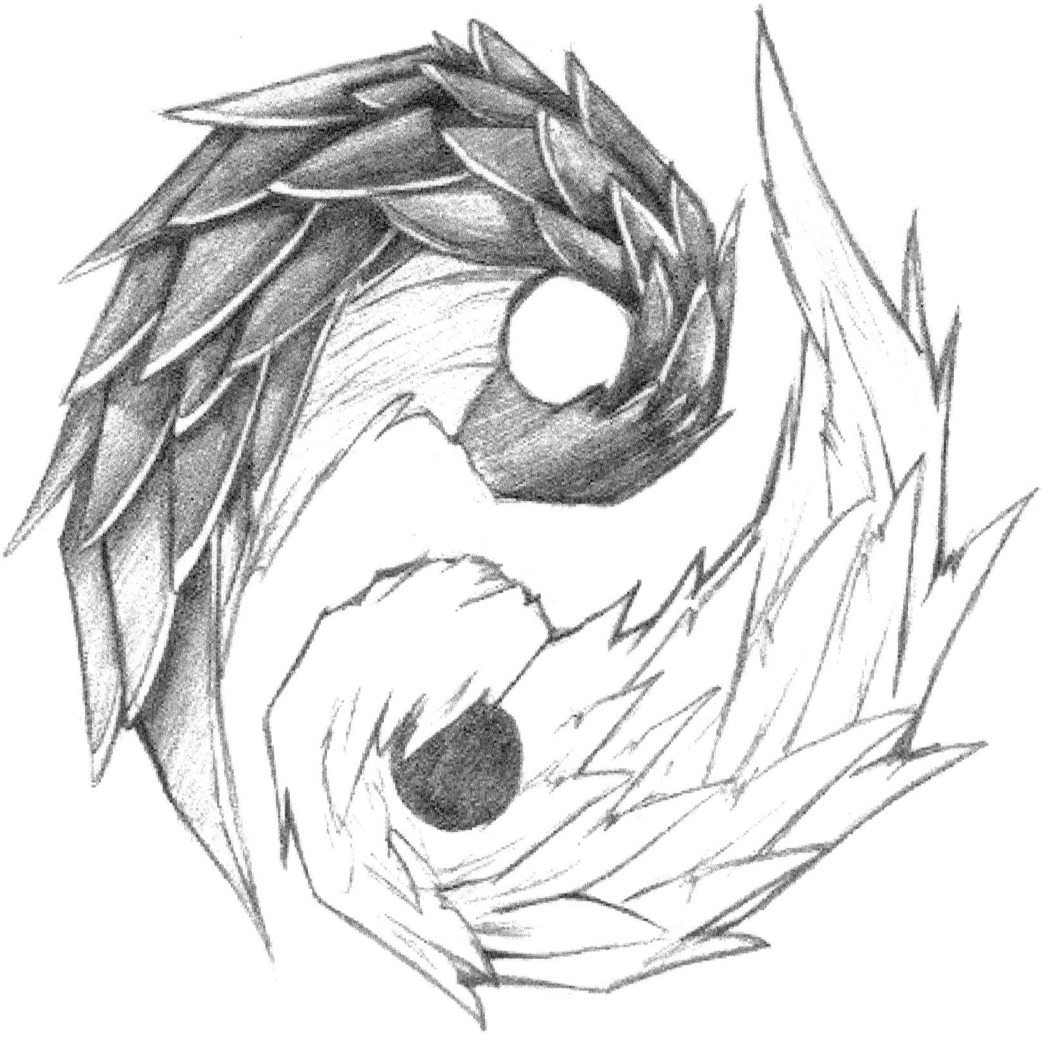

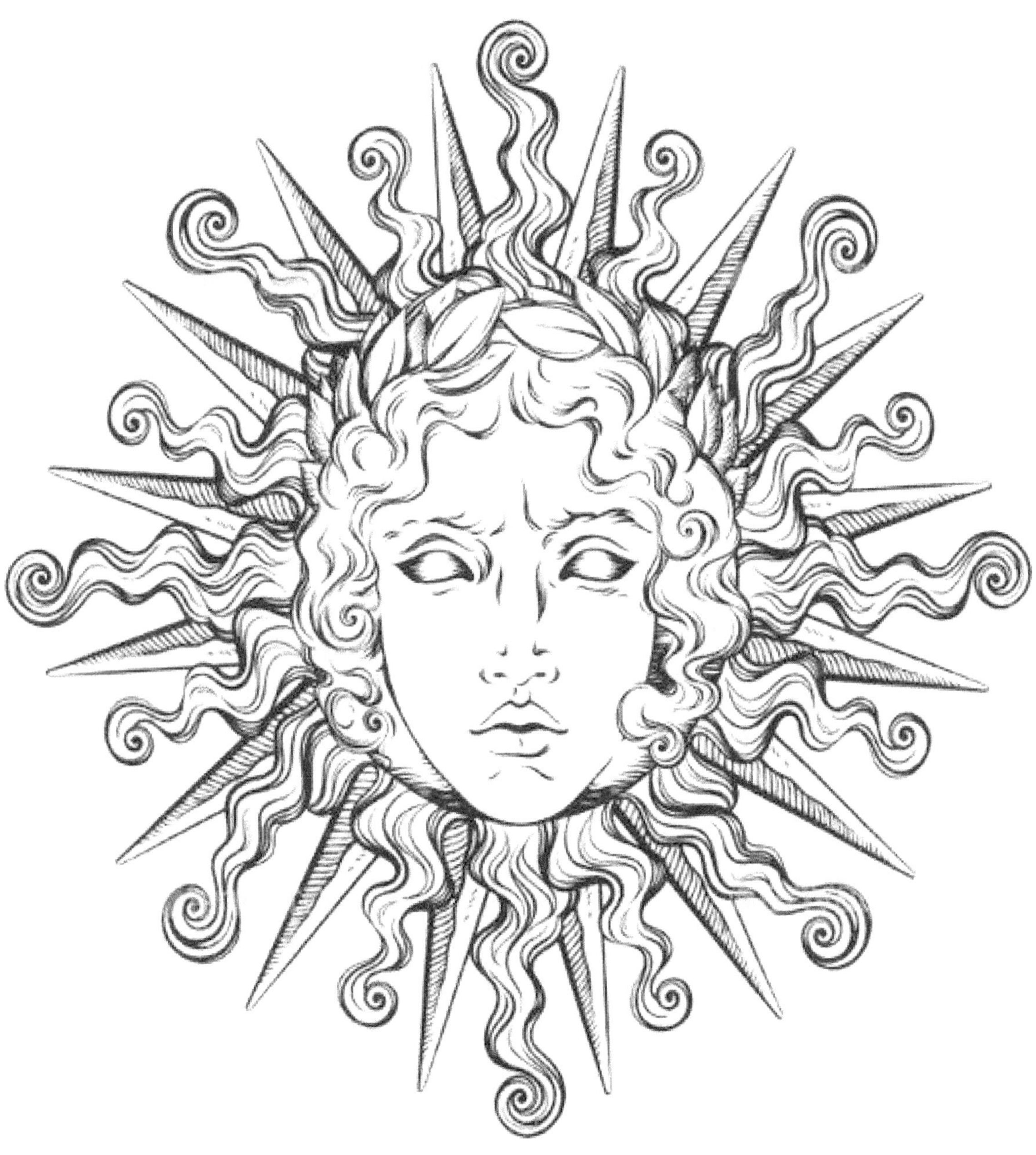

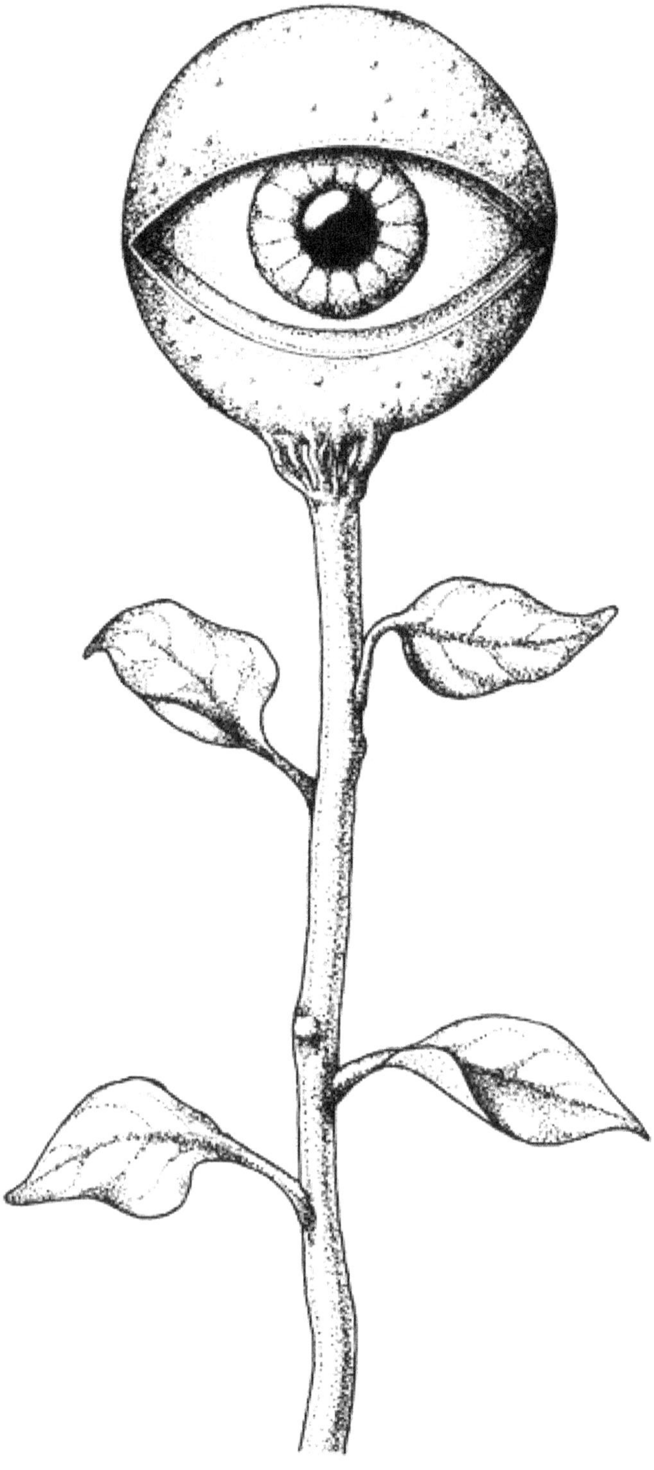

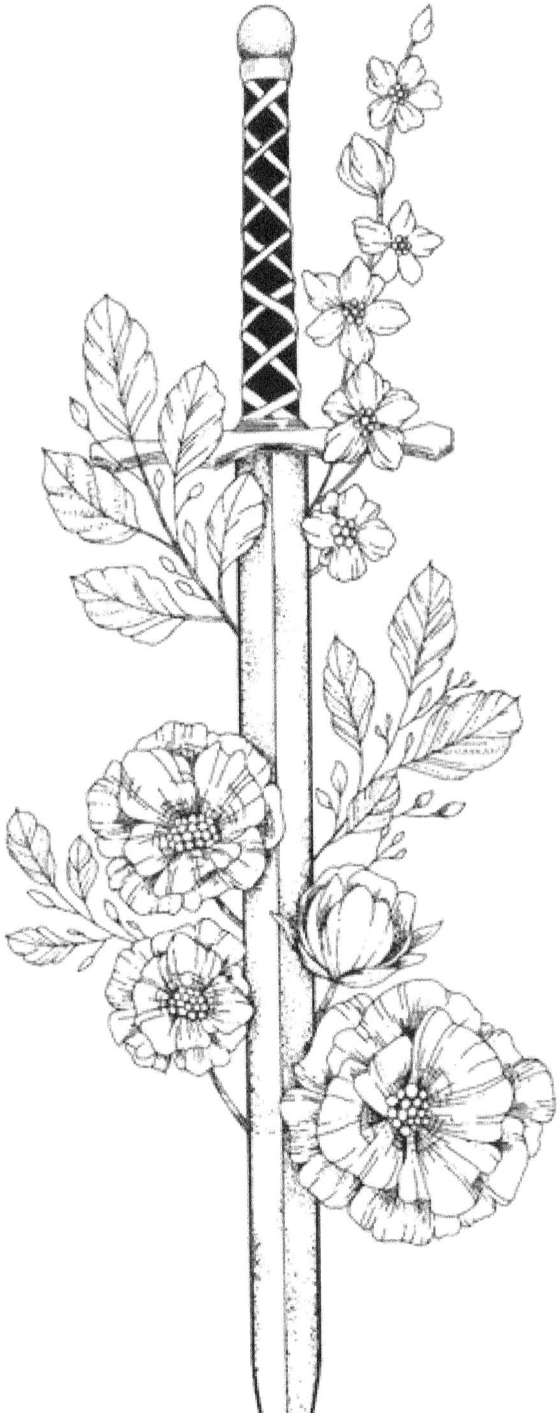

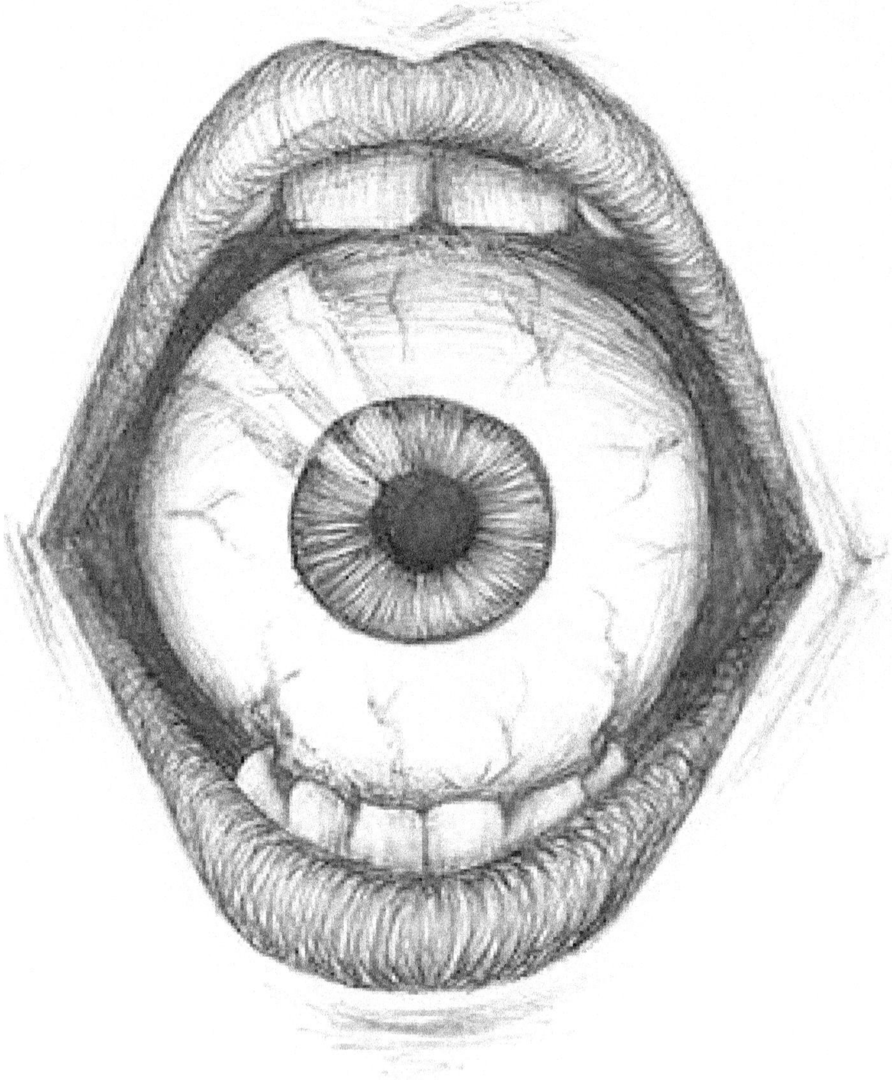

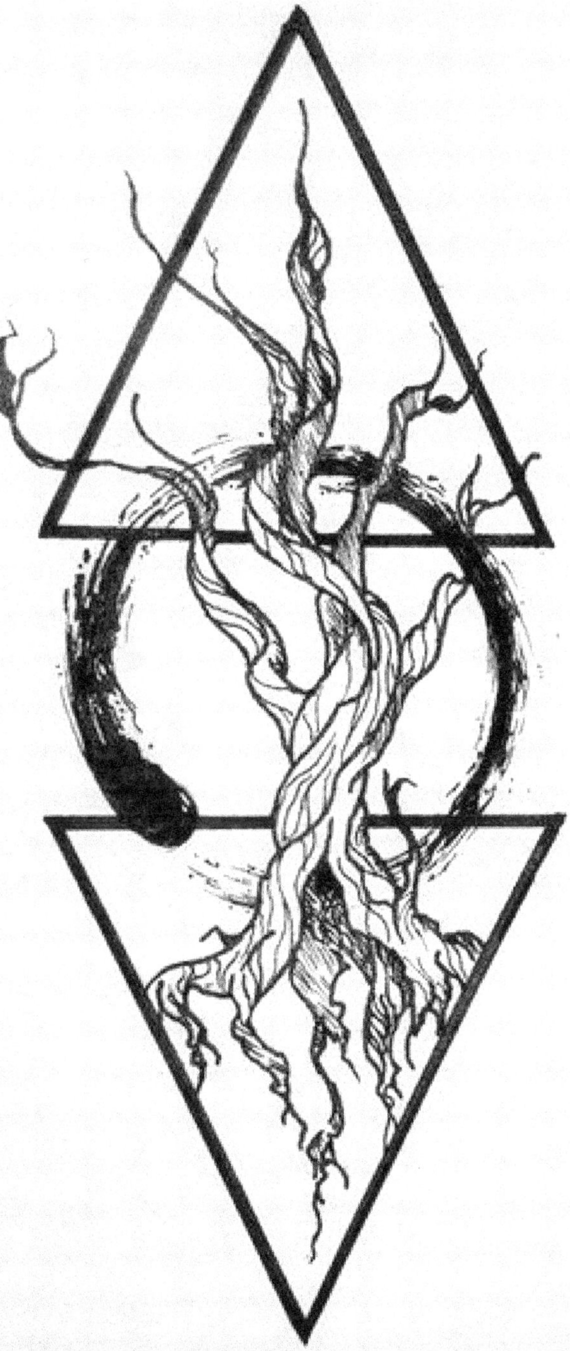

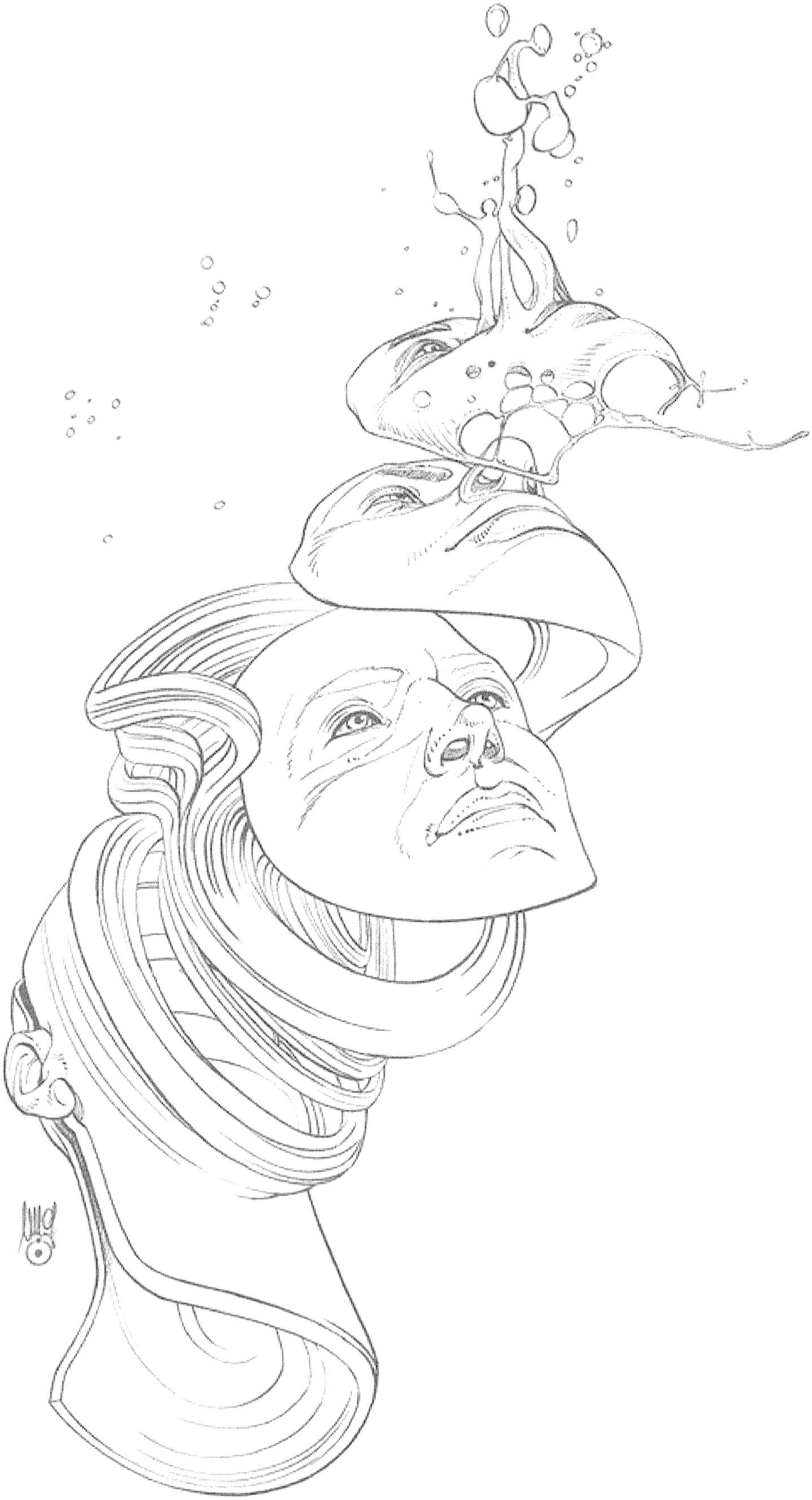

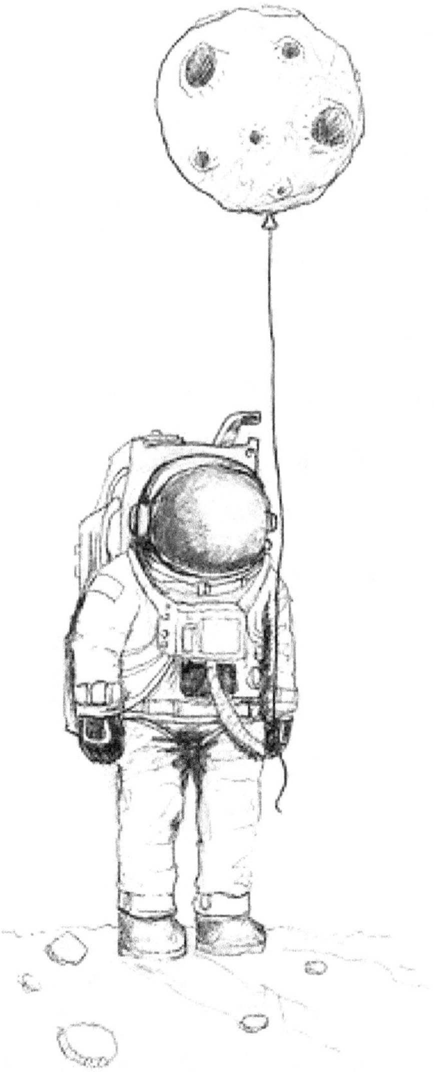

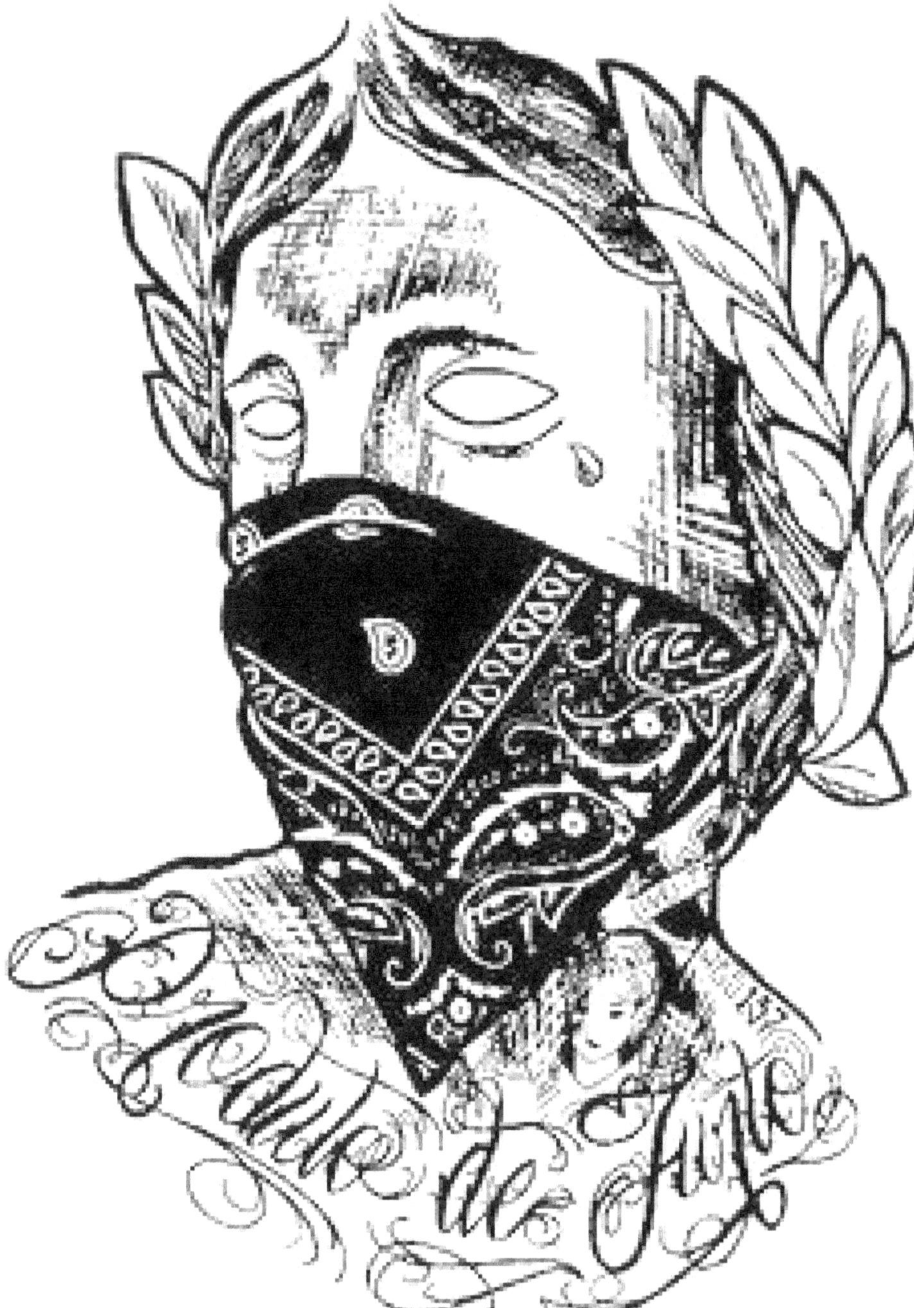

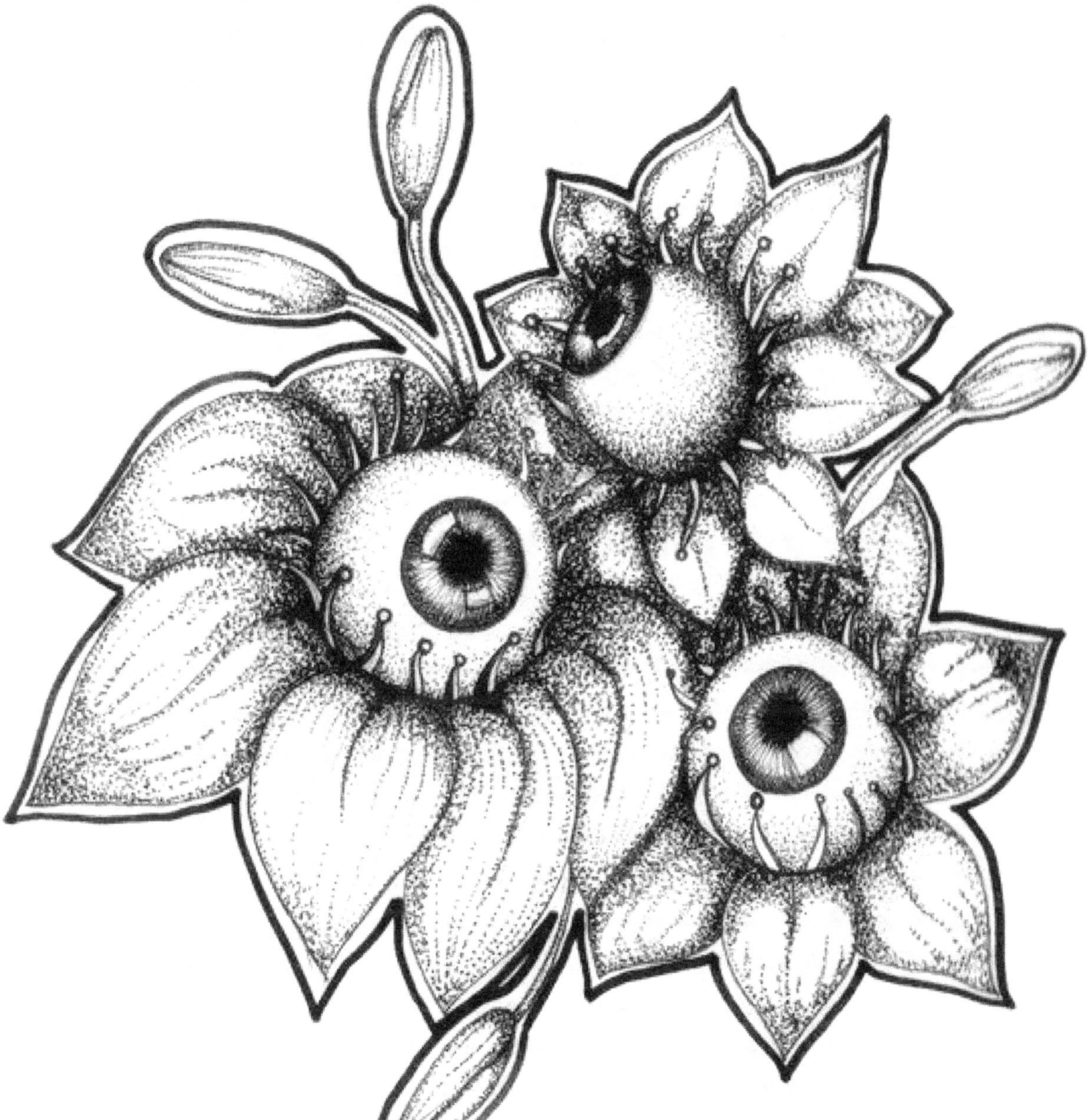

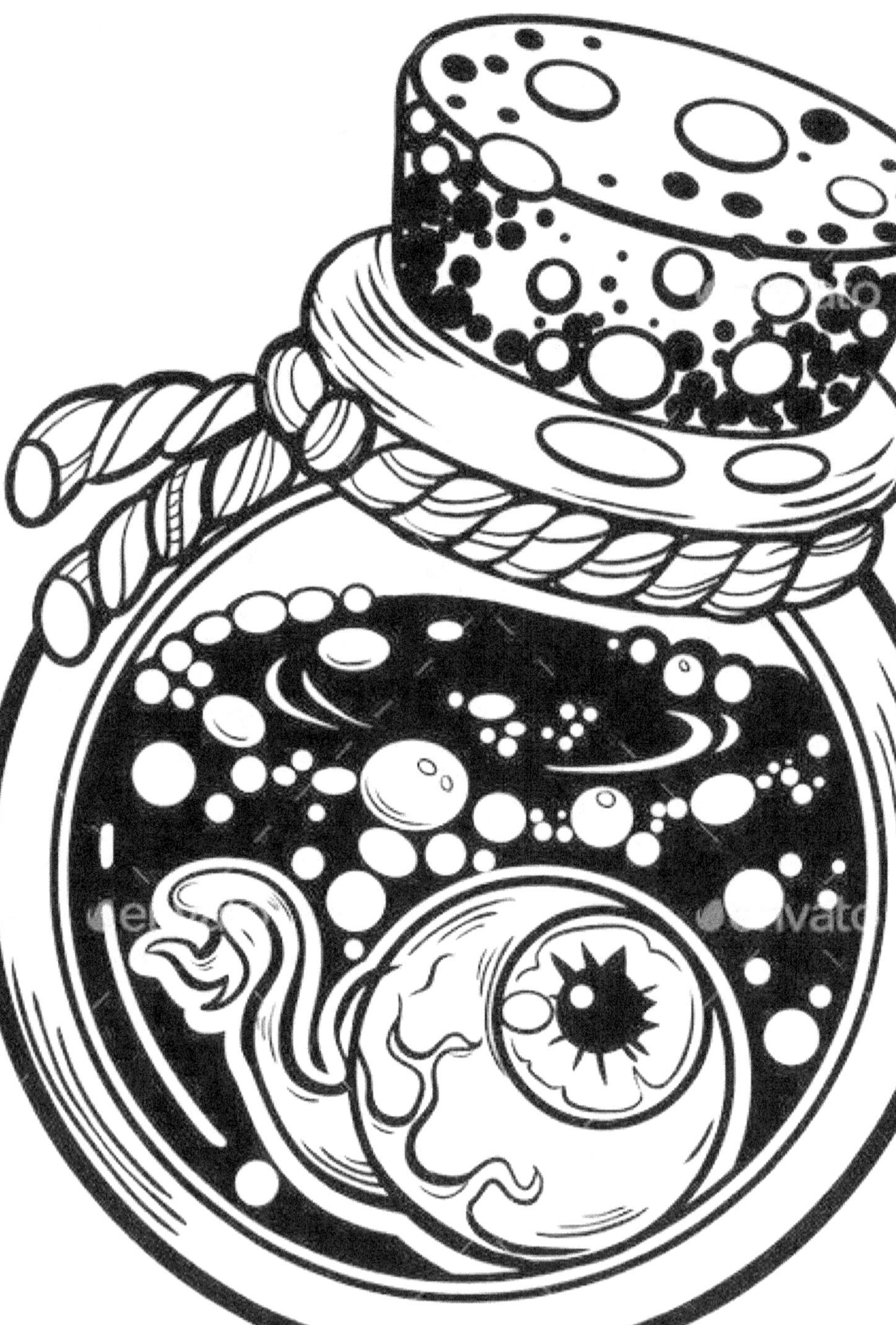

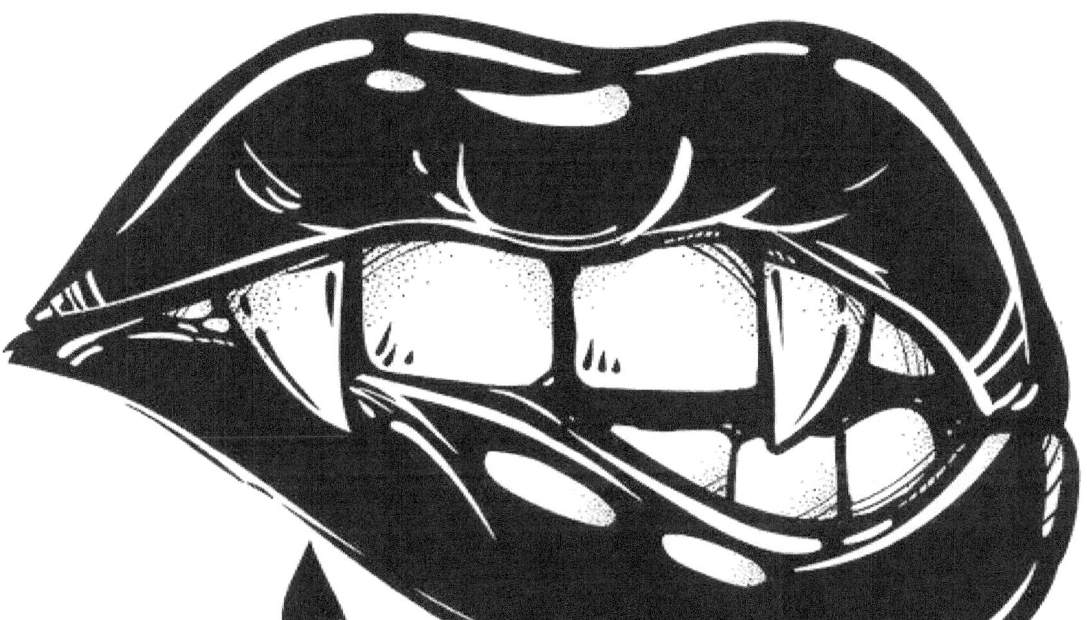

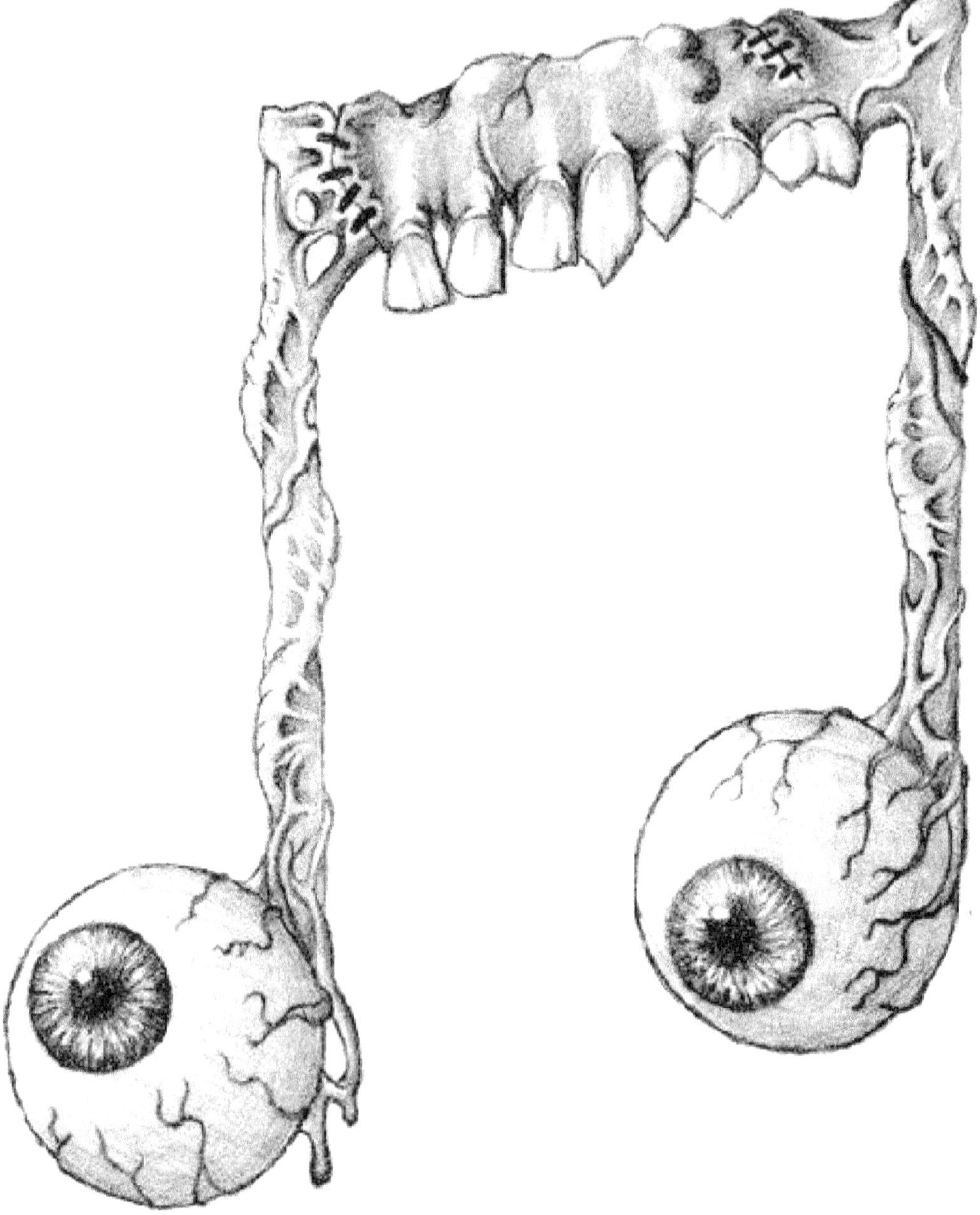

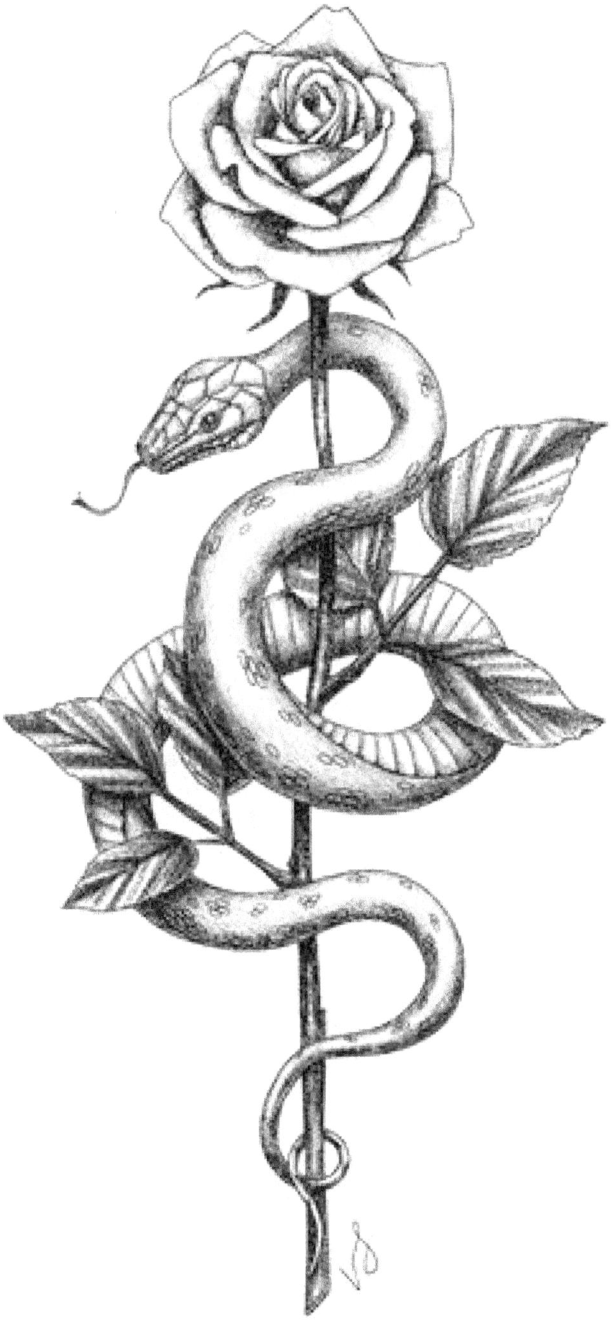

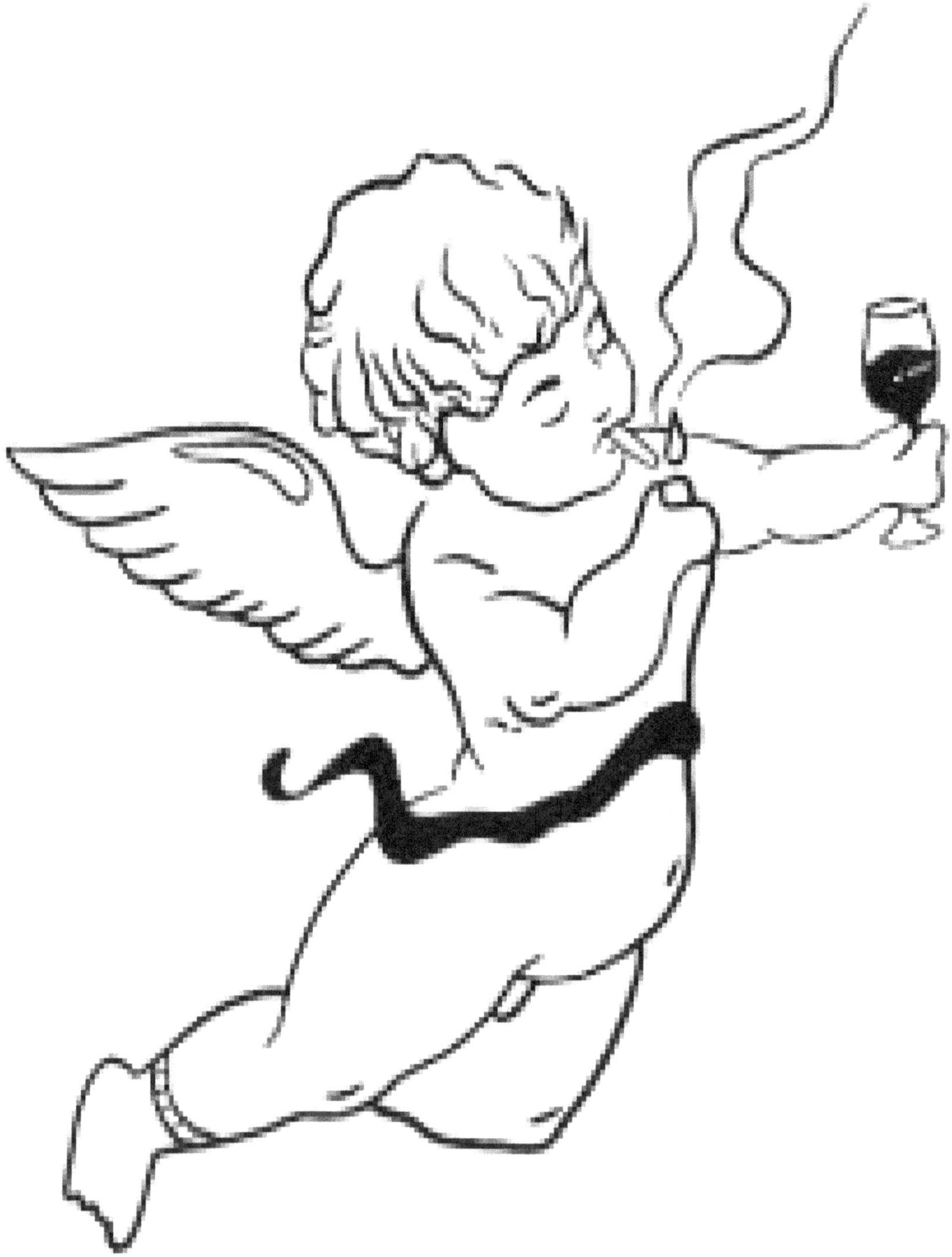

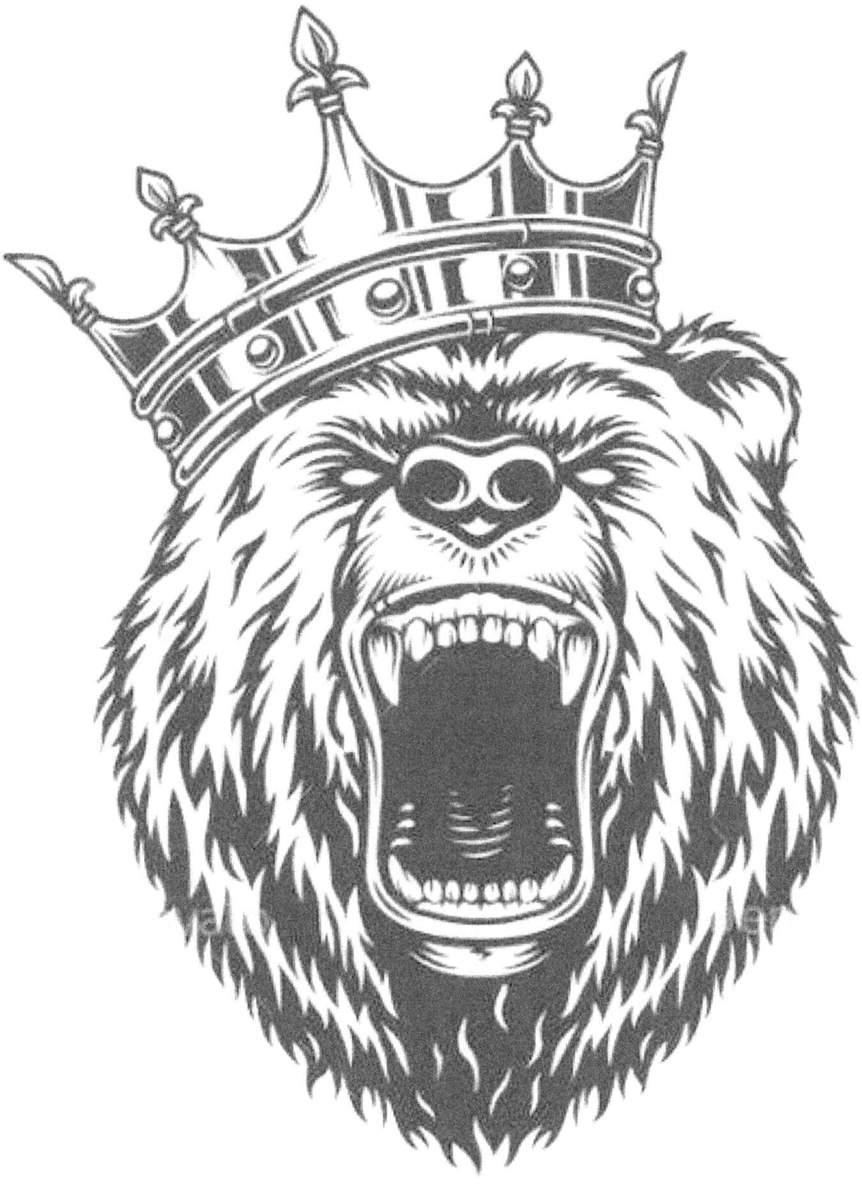

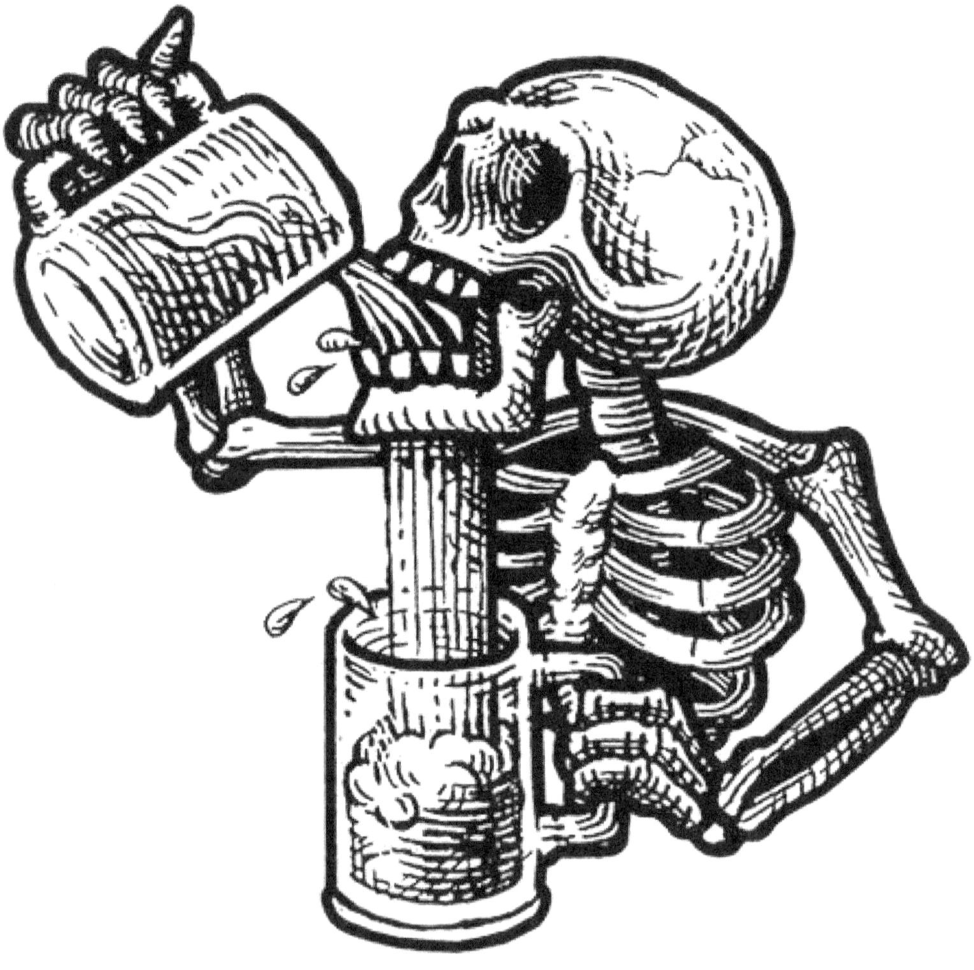

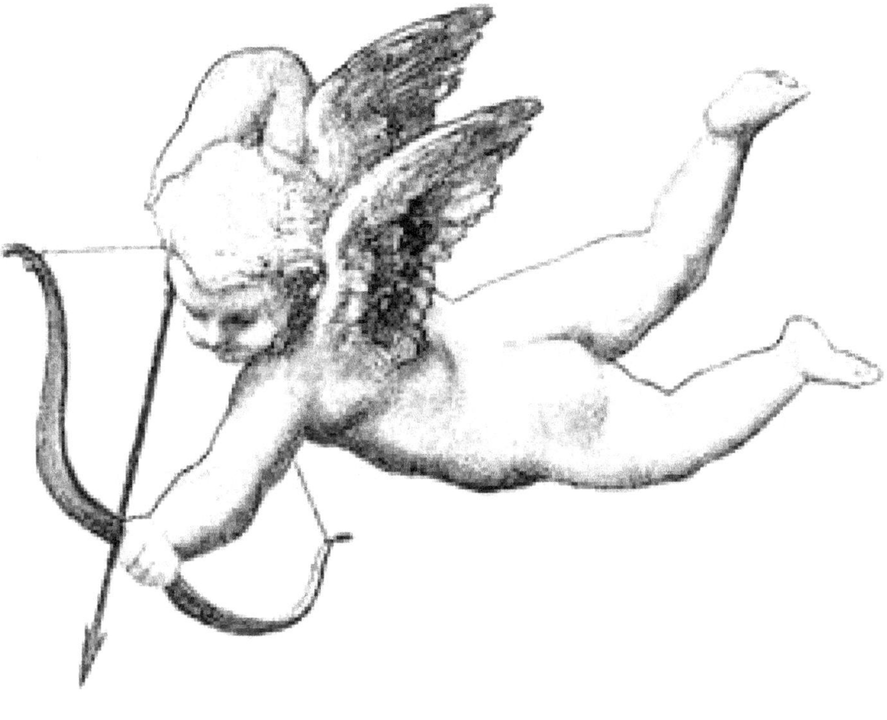

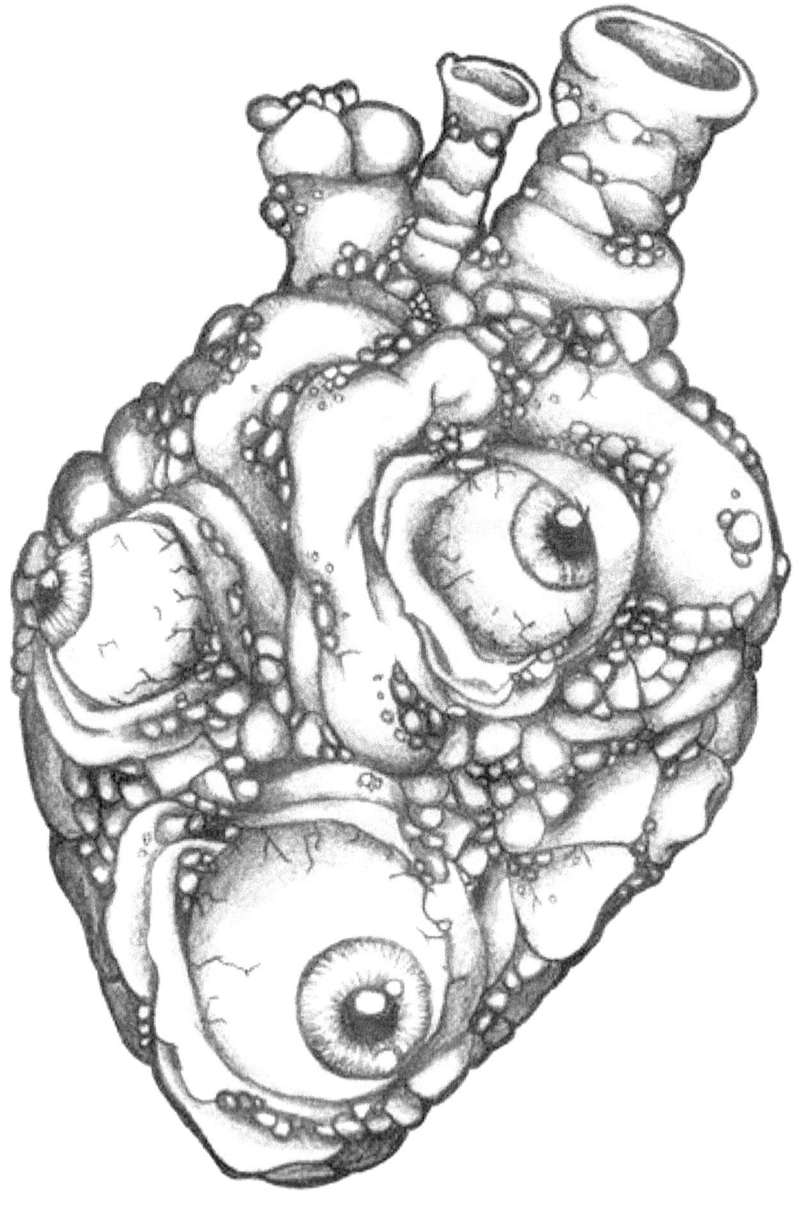

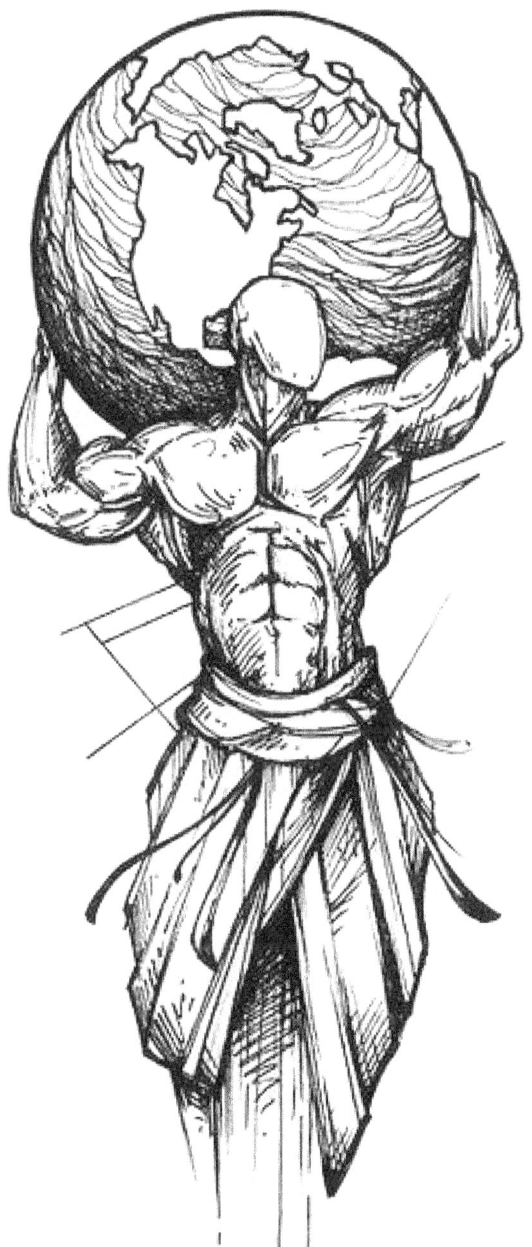

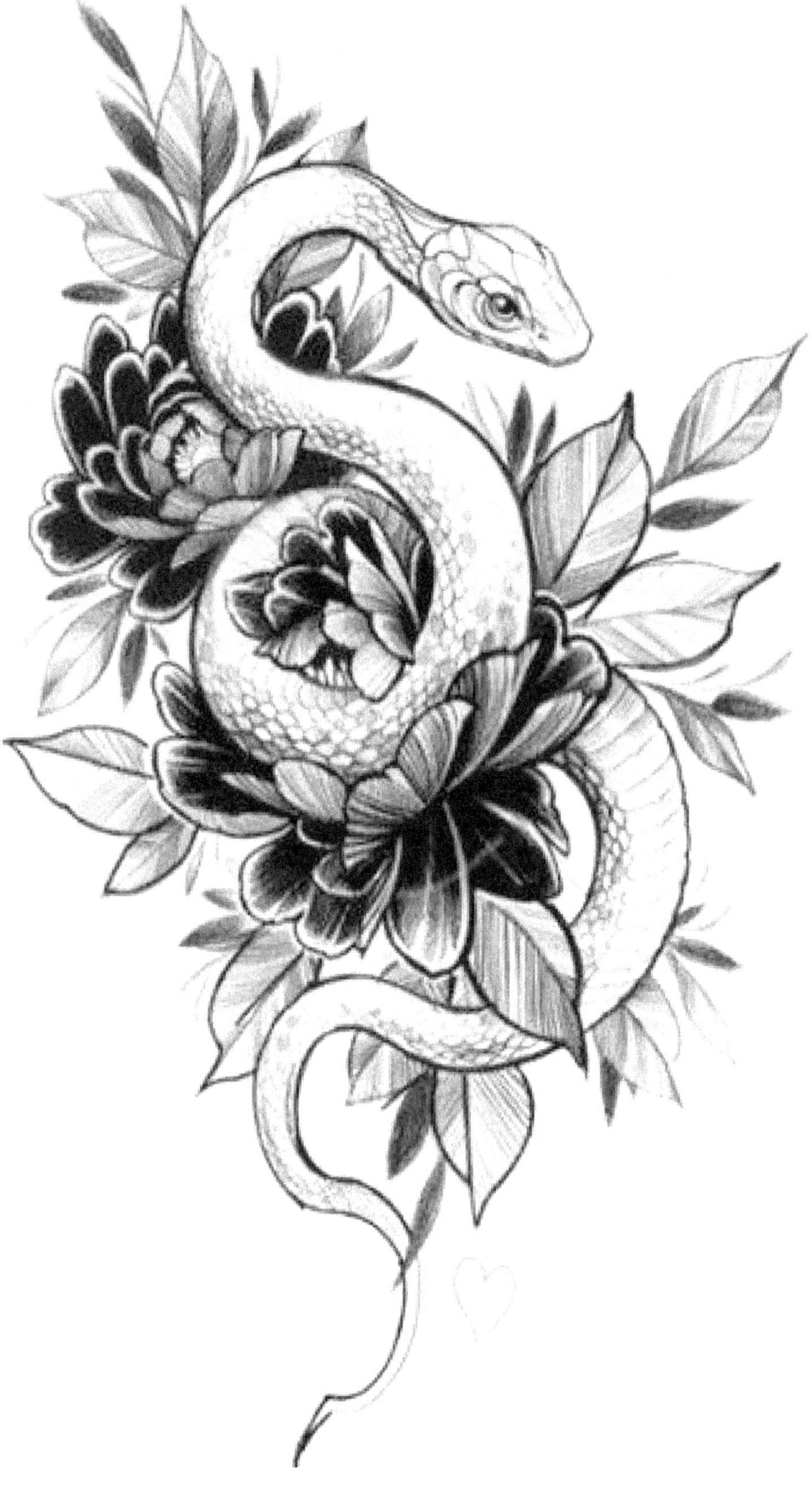

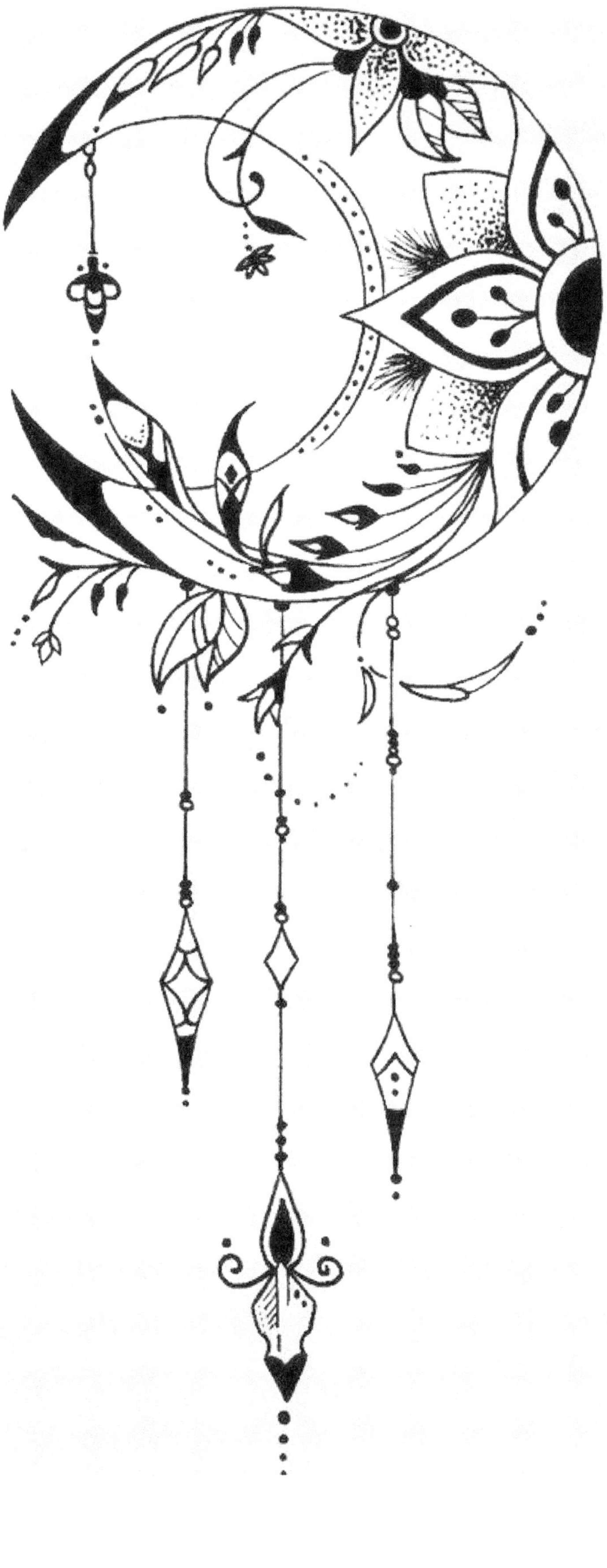

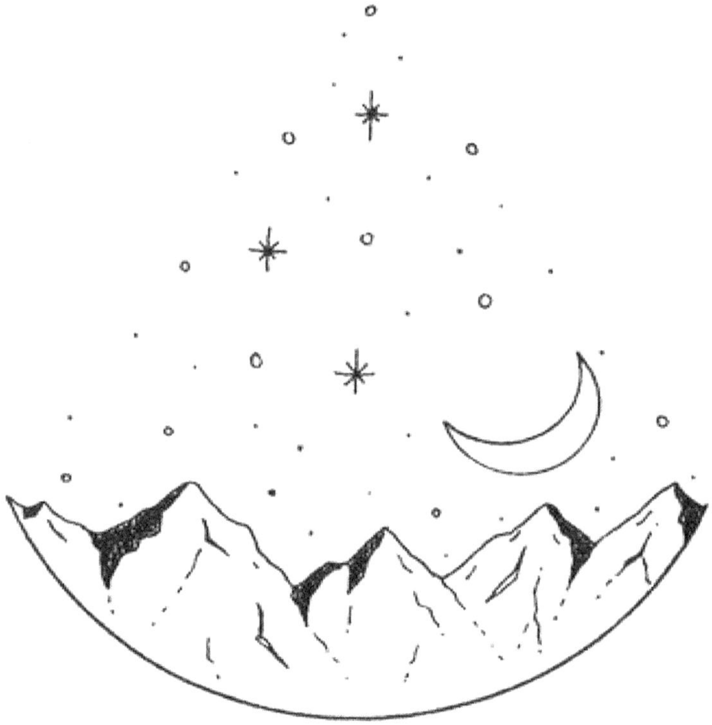

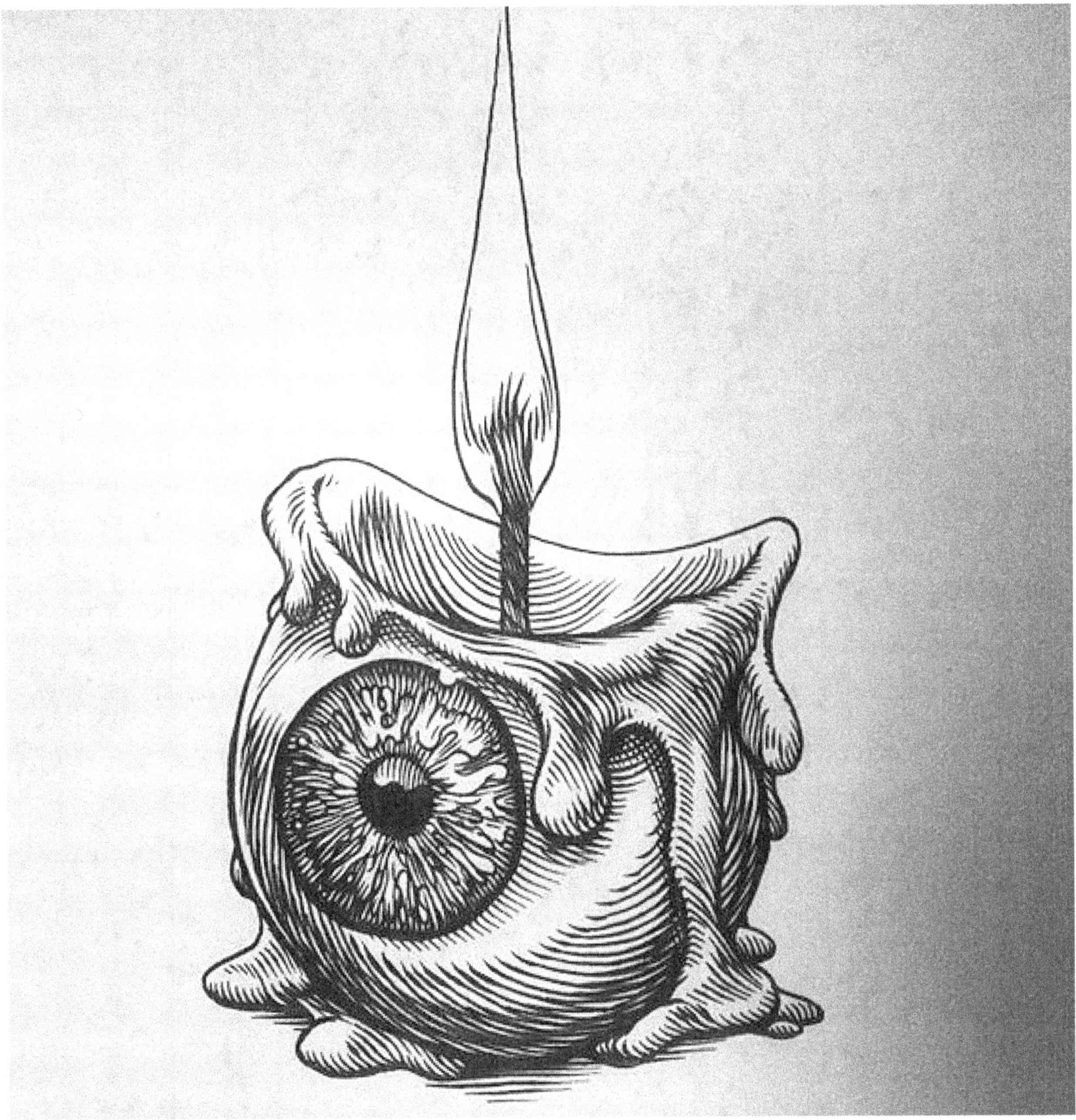

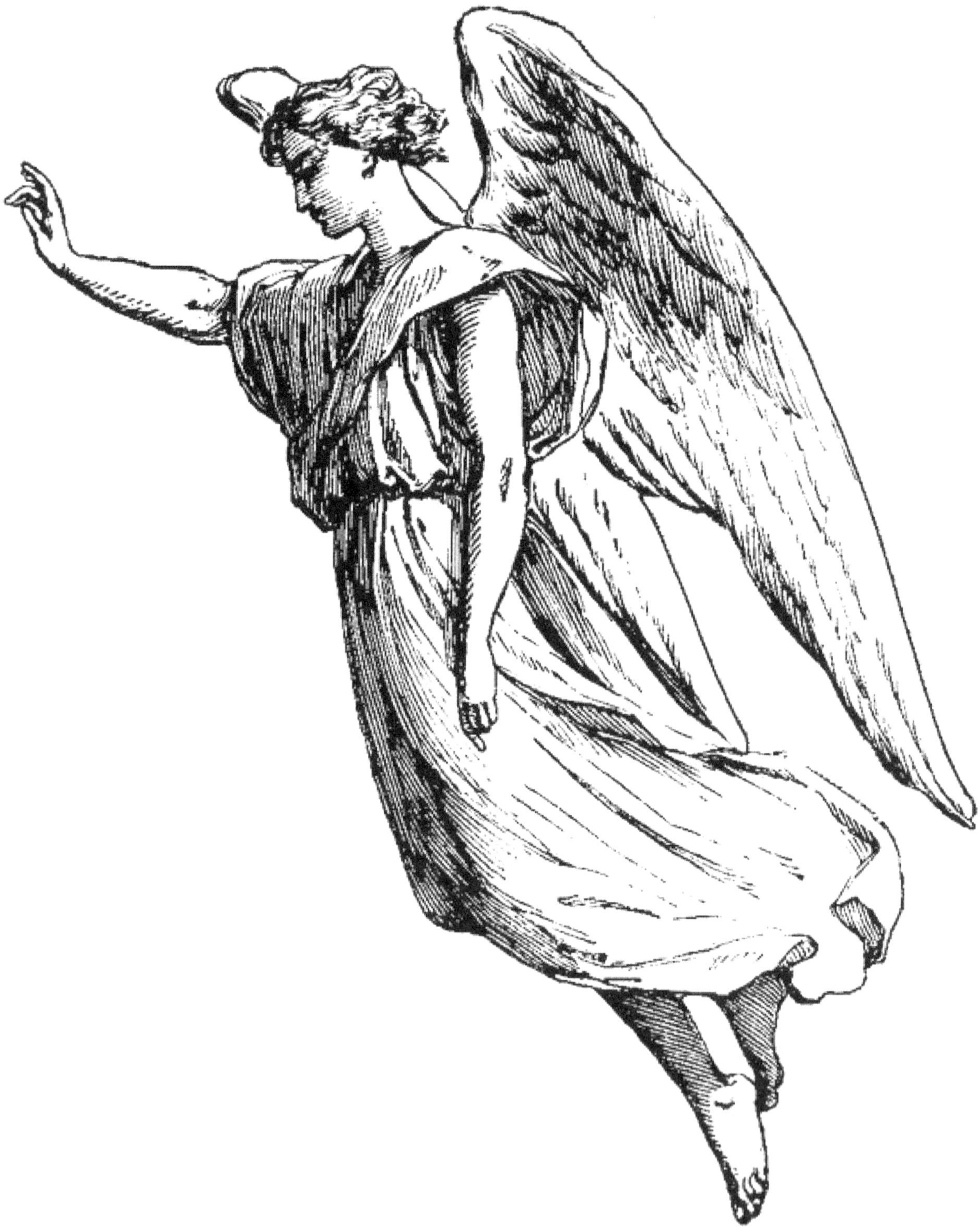

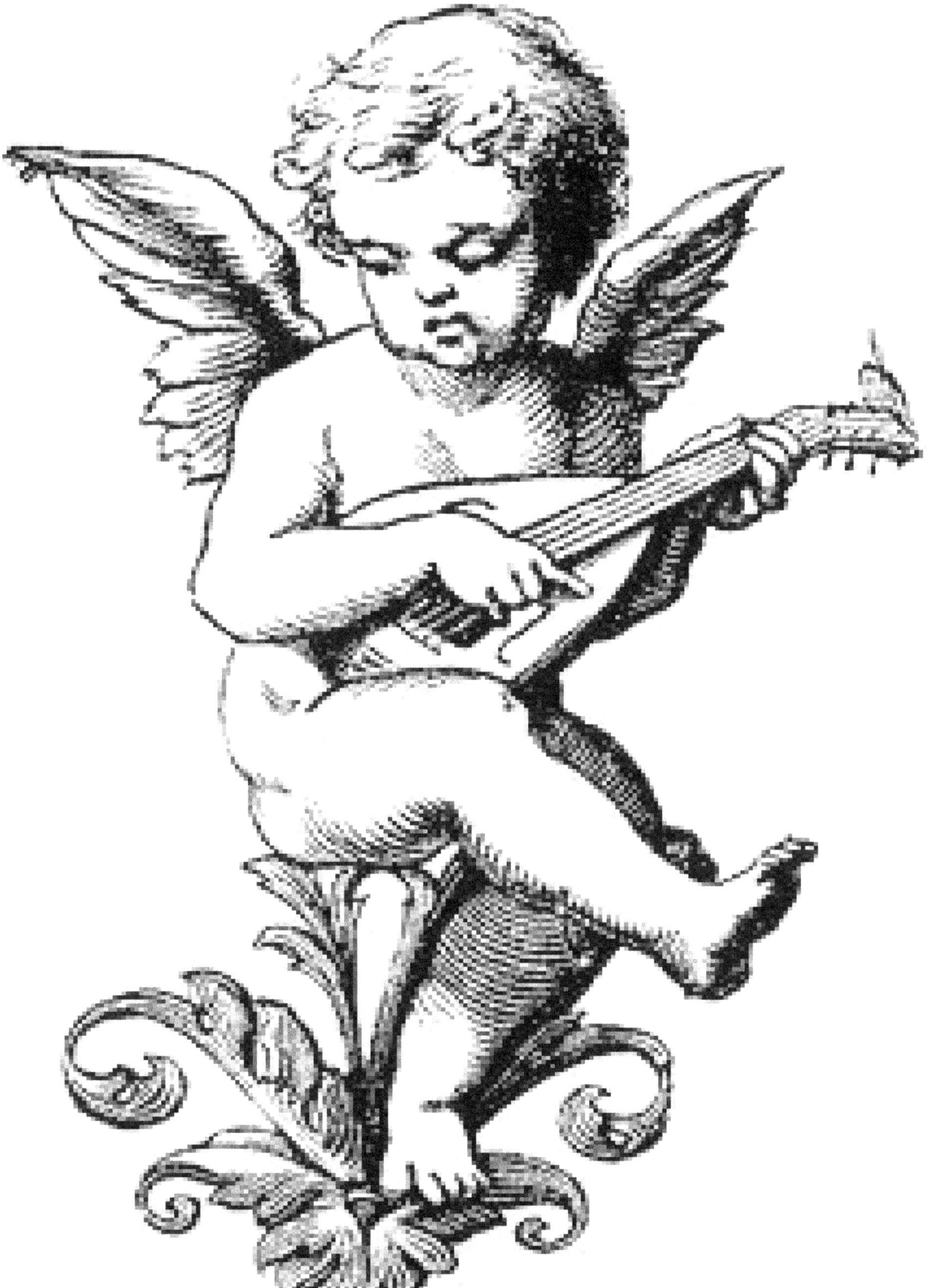

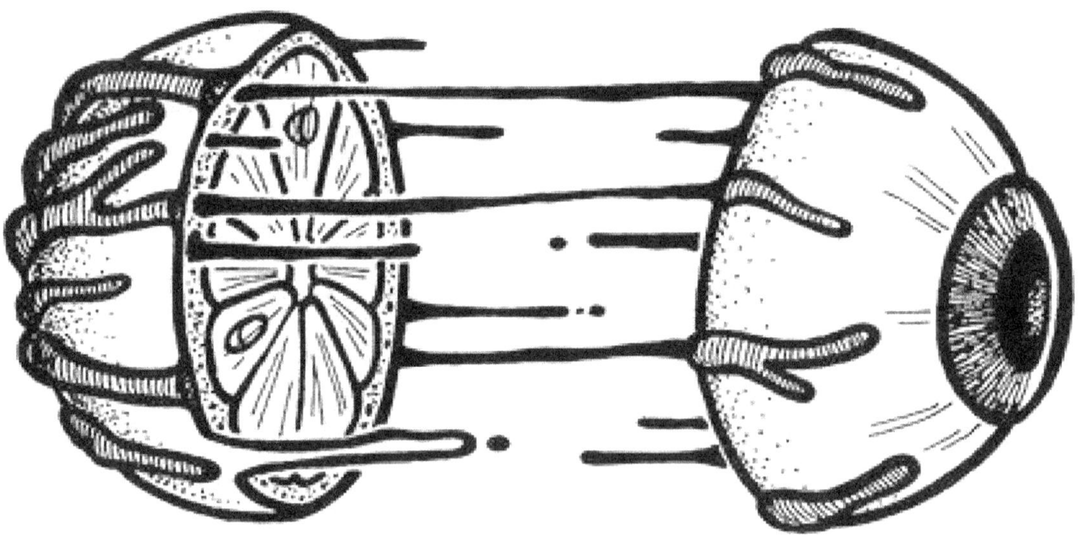

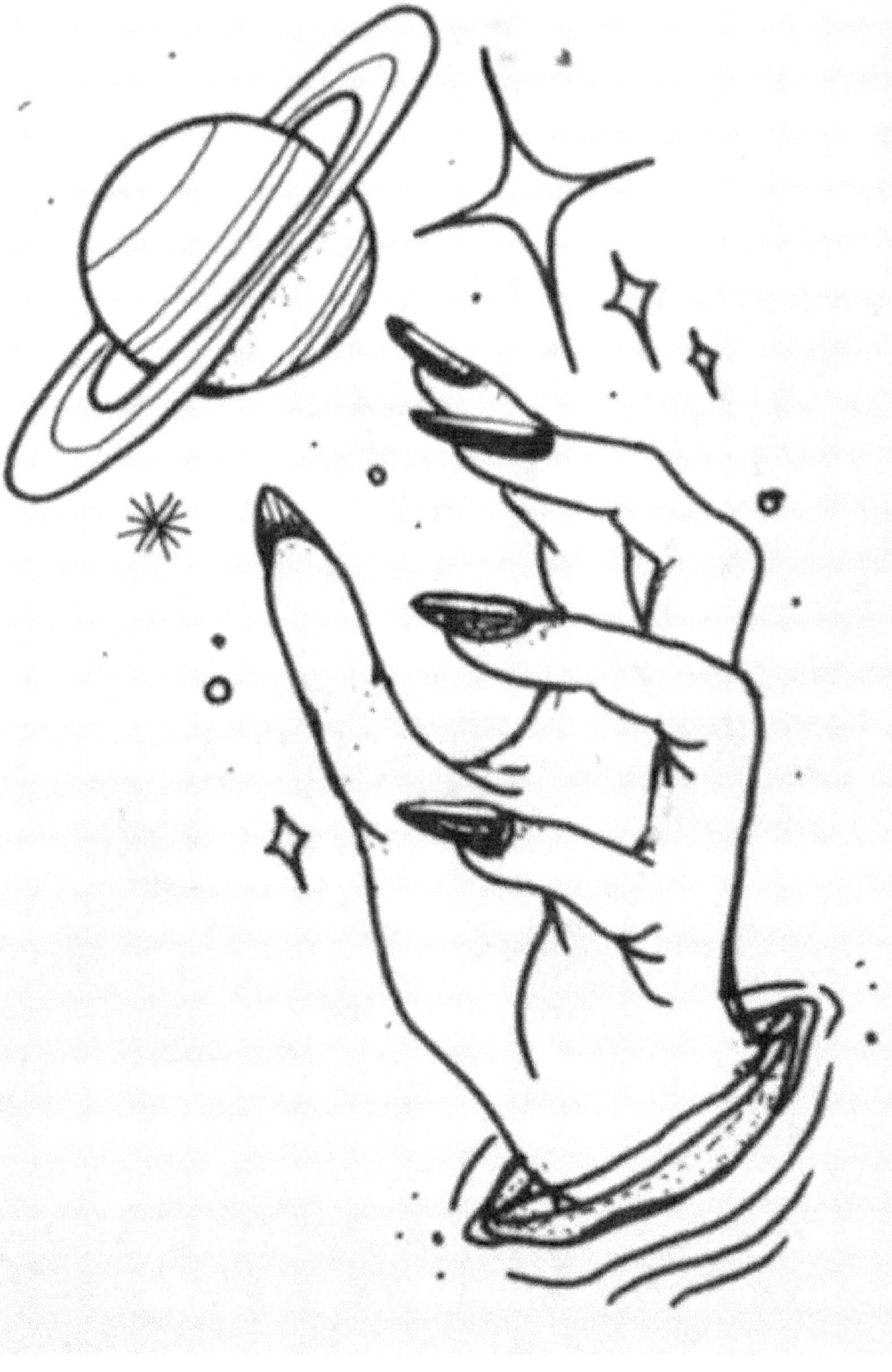

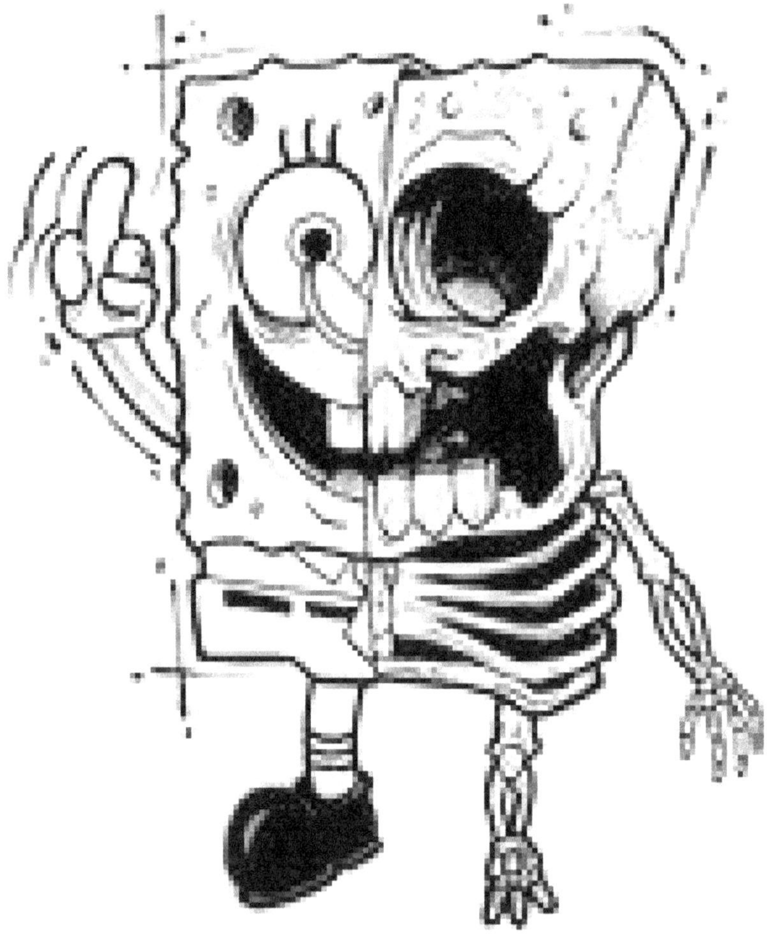

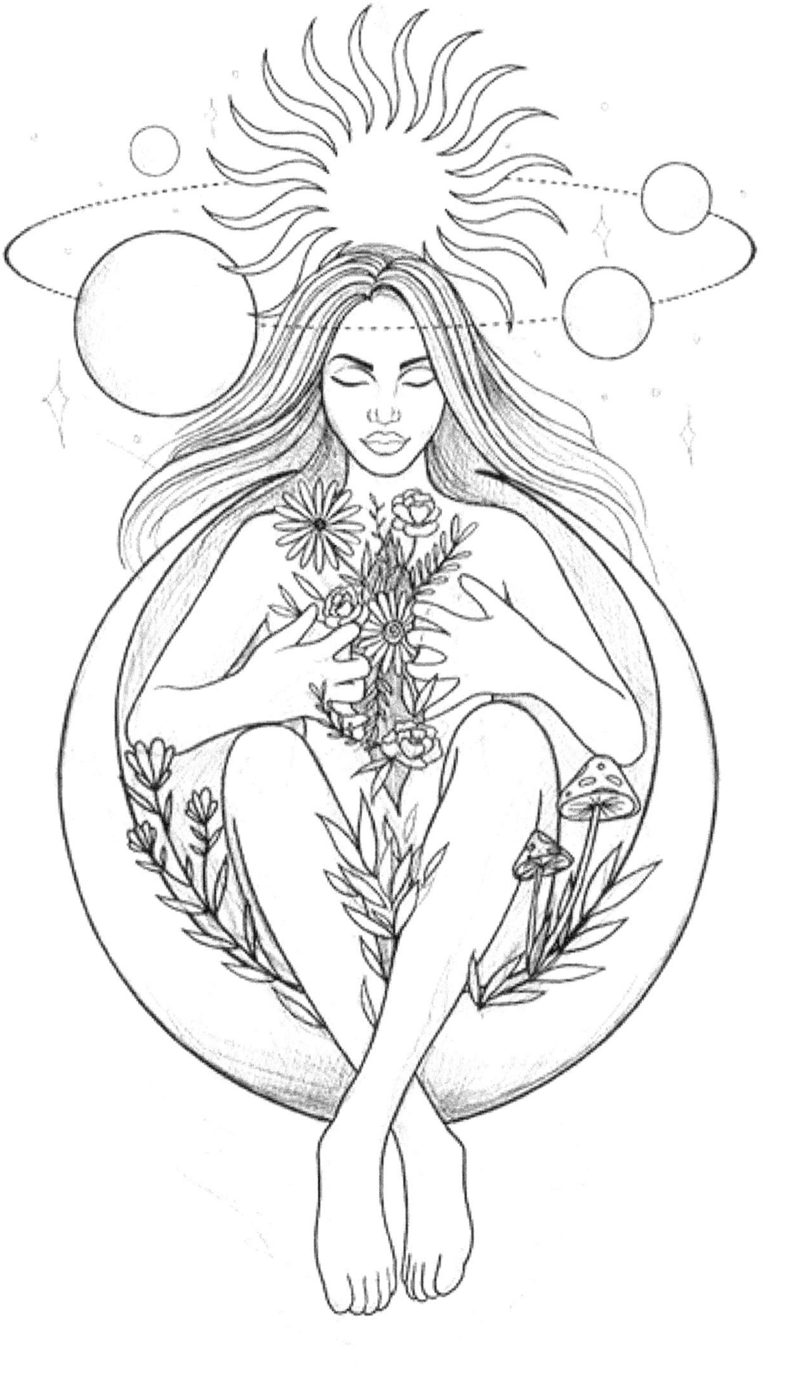

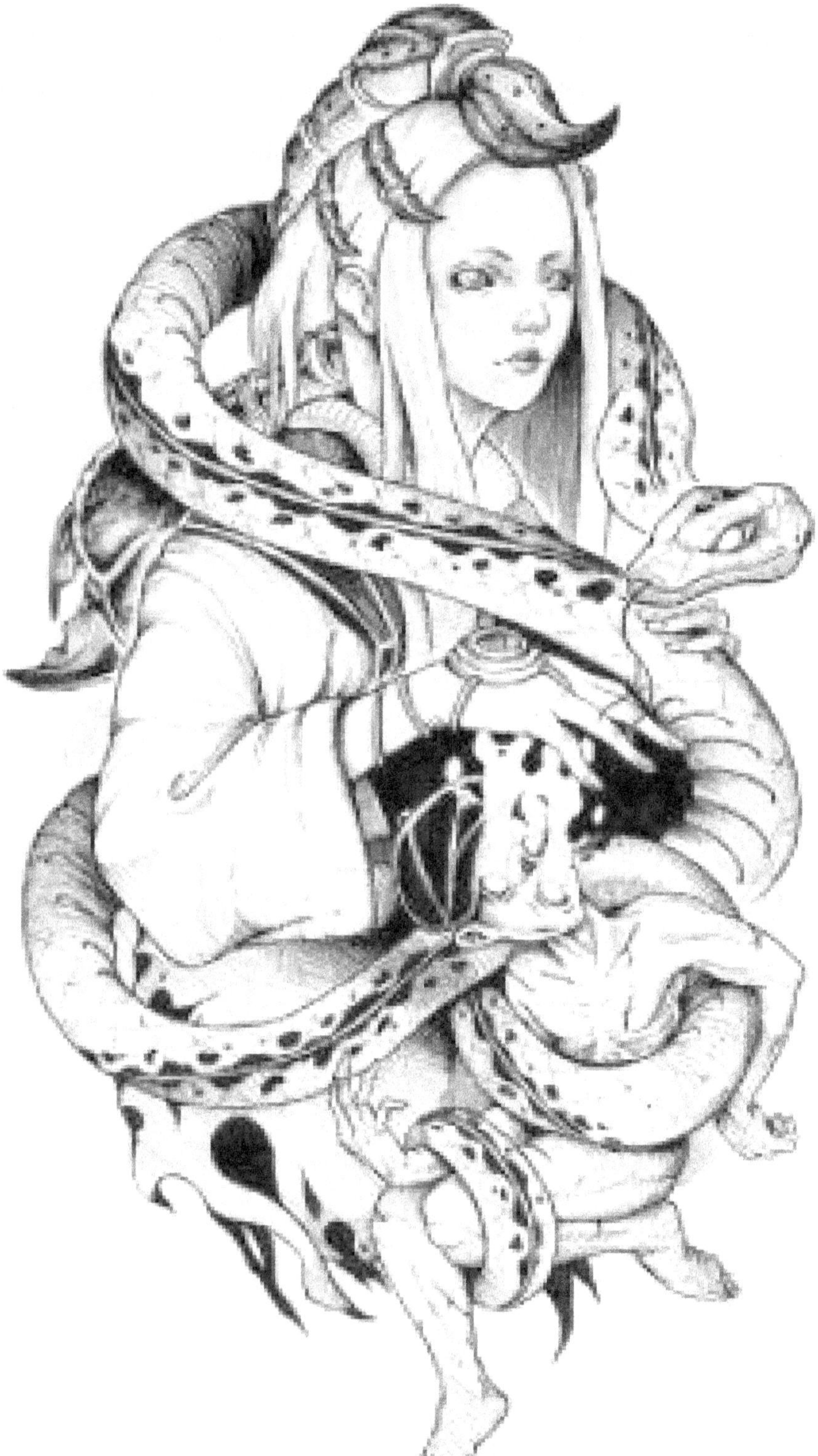

www.ingramcontent.com/pod-product-compliance
Lightning Source LLC
Chambersburg PA
CBHW081103240526
45465CB00026B/3284
* 9 7 9 8 7 3 6 8 3 1 5 4 8 *